스포츠윤리와 공정
Sports Ethics & Fairness

백형진
김소정
김은혜
이광준

스포츠윤리와 공정
Sports Ethics & Fairness

스포츠윤리와 공정 (Sports Ethics & Fairness)

발　행 | 2025년 06월 25일
저　자 | 백형진, 김소정, 김은혜, 이광준
펴낸곳 | 예방의학사
문의처 | 010-4439-3169
이메일 | prehabex@naver.com
주　소 | 서울특별시 송파구 석촌동 150-3 B1
전　화 | 010-4439-3169
가　격 | 30,000

ISBN | 979-11-89807-57-3(93690)

*이 책은 저작권법에 의해 보호를 받는 저작물이므로 동영상 제작 및 무단전제와 복제를 금한다.
(*잘못된 책은 구입하신 서점에서 교환해 드립니다.)

저자 소개

백형진(Ph.D 통합의학박사, DO, DN)

現 헬스케어 웨이브 대표 & 비엠코퍼레이션 이사
現 가천대학교 특수치료대학원 운동치료학과 겸임교수
現 한국스포츠과학원 외부공동연구원
現 스포츠안전재단 강사, 스포츠공정위원
現 스포츠윤리 지도자 자격보유
現 대경북스 - 스포츠윤리 파트 연구진

김소정(Ph.D 체육학 박사)

現. 한국체육대학교 초빙교수
現. 수원대학교 스포츠과학과 객원교수
現. 한국체육철학회 사무국장
現. 한국체육학회 스포츠윤리위원
現. 서울특별시 루지경기연맹 스포츠공정위원회 위원
現. 스포츠윤리센터 스포츠윤리교육 전문강사

김은혜(Ph.D 체육학 박사)

現. 예술체육연구소 대표
現. 광운대학교 정보과학교육원 겸임교수
現. 성신여자대학교 학술연구교수
現. 한국체육철학회 편집국장
現. 스포츠윤리센터 스포츠윤리교육 전문강사
現. 서울시, 인천시 스포츠 인권교육 전문강사

이광준

Research Fellow, Harvard University Neurology.
Ph.D., Florida State University Biomedical Sciences.
MS, University of Texas at Austin, Kinesiology and Health Education.

스포츠 윤리와 공정

백형진
김소정
김은혜
이광준
지음.

차례

머리말

서론: 스포츠윤리란 무엇인가?
   1. 스포츠윤리의 정의 ·· 2
   2. 스포츠윤리가 중요한 이유 ·· 3
   3. 스포츠윤리 문제 해결을 위한 접근법 ·································· 5
   4. 스포츠공정위원회란? ·· 7

Part 1. 스포츠윤리의 본질과 철학적 기초
제1장 스포츠윤리의 개념과 발전
   1. 스포츠윤리의 정의와 적용 범위 ·· 10
   2. 스포츠윤리의 역사와 철학적 배경 ···································· 13
   3. 스포츠윤리와 국제 협약 ·· 15

제2장 스포츠와 공정성의 원칙
   1. 공정 경쟁의 의미와 가치 ·· 19
   2. 규칙 준수와 심판의 역할 ·· 23
   3. 페어플레이의 정신과 실천 방안 ·· 27
   4. 스포츠 분쟁 해결의 윤리적 기준 ·· 31
   5. 페어플레이 관련 국내외 사례 ·· 35

Part 2. 현대 스포츠와 윤리적 쟁점
제3장 도핑과 약물 남용
   1. 도핑의 정의와 유형 ·· 39
   2. 도핑의 역사적 배경 ·· 42
   3. 도핑 방지를 위한 국제적 노력과 법적 규제 ···················· 45

제4장 젠더와 스포츠의 공정성
   1. 스포츠에서의 성평등과 역사 ·· 49
   2. 젠더 인클루전과 트랜스젠더 선수 문제 ·························· 53
   3. 트랜스젠더 논쟁의 윤리적·법적 쟁점 ······························ 57

제5장 인종과 스포츠의 다양성
   1. 스포츠 속 인종차별 사례와 그 극복 ································ 60
   2. 스포츠에서 다양성과 포용성 증진 방안 ·························· 63

제6장 스포츠의 상업화와 윤리
    1. 상업화의 빛과 그림자 ··· 66
    2. 스폰서십·광고와 선수 이미지의 상업적 이용 ················ 70
    3. 상업화가 스포츠윤리에 미치는 영향 ·························· 74

Part 3. 스포츠 환경과 공정성의 실현
제7장 청소년 스포츠와 윤리 문제
    1. 학교 체육교육의 현황과 과제 ································· 78
    2. 청소년 스포츠의 교육적·사회적 가치 ························ 81
    3. 청소년 스포츠에서의 윤리적 문제 사례 ······················ 84
    4. 국제 협약과 청소년 스포츠 프로그램 ························ 87
    5. 청소년 스포츠와 관련된 법과 정책 ···························· 91

제8장 장애인 스포츠와 통합
    1. 장애인 스포츠의 중요성과 역사 ································ 94
    2. 장애인 스포츠와 직업 기회 ···································· 97
    3. 장애인 스포츠에서의 포용과 통합 과제 ···················· 100

제9장 기술 발전과 스포츠윤리
    1. 스포츠 기술 발전이 공정성에 미치는 영향 ················ 104
    2. 기술 사용에 따른 윤리적·법적 쟁점 ························ 107
    3. 비디오 판독과 심판의 역할 변화 ···························· 110

Part 4. 스포츠윤리의 교육과 미래
제10장 스포츠윤리와 도덕 교육
    1. 스포츠가 도덕 교육에 미치는 영향 ·························· 114
    2. 체육 교육과 윤리적 가치의 함양 ···························· 117
    3. 도덕 교육으로서 스포츠의 가능성과 한계 ·················· 120

제11장 스포츠윤리 교육의 방향과 과제
    1. 스포츠윤리 교육의 목표와 필요성 ··························· 123
    2. 교육 내용과 교수 방법 ··· 126
    3. 스포츠윤리 교육의 글로벌 트렌드 ··························· 129

전망: 스포츠의 공정성과 윤리의 미래
    1. 스포츠윤리의 새로운 과제 ····································· 132
    2. 지속 가능한 스포츠 문화 조성을 위한 제언 ················ 135

맺음말 ··· 138
참고문헌 ··· 139

머리말

　오늘날 스포츠는 단순한 경기와 승부를 넘어, 사회 전반에 깊은 영향을 미치는 문화이자 산업으로 자리 잡았습니다. 전 세계 수많은 사람들은 스포츠를 통해 감동하고, 열광하며, 때로는 삶의 의미를 찾기도 한다. 하지만 스포츠가 지닌 순수한 열정과 감동 뒤에는 때때로 불공정, 편견, 윤리적 논란이라는 그림자가 존재합니다.

　스포츠는 본질적으로 '공정한 경쟁'을 바탕으로 합니다. 그러나 우리가 목격하는 현실은 반드시 이상과 일치하지 않습니다. 승리를 위해 도핑과 승부조작이 일어나고, 특정 성별이나 인종, 장애를 이유로 선수들이 차별을 겪기도 합니다. 또한 상업화가 가속화되면서 스포츠의 본질이 흔들리고 있다는 우려도 커지고 있어, 이러한 문제들은 단순히 스포츠 내부의 문제가 아니라, 현대 사회가 직면한 윤리적 고민을 그대로 반영하고 있습니다.

　이 책은 스포츠를 통해 '공정'과 '윤리'가 무엇인지를 함께 고민하고자 하는 시도입니다. 스포츠윤리는 경기장 안팎에서 우리가 지켜야 할 원칙을 세우고, 다양한 이해관계가 충돌하는 지점에서 공정한 해결책을 찾기 위한 길잡이입니다. 특히, 이 책은 스포츠 현장에서 발생하는 윤리적 문제들을 철학적, 법적, 사회적 관점에서 살펴보고, 실천 가능한 대안을 모색하는 데 집중하고 있습니다.

　스포츠를 사랑하는 사람이라면 누구나 한 번쯤 이런 질문을 던져본 적이 있을 것입니다. "정말 공정한 스포츠란 가능한가?" "규칙은 언제나 정의로운가?" "기술과 과학이 발전하는 시대에 스포츠의 공정성은 어떻게 지켜야 하는가?" 이 책은 그런 질문들에 대한 고민을 함께 나누고, 독자 여러분이 스스로 답을 찾아가는 여정을 돕기 위해 쓰였습니다.

　스포츠의 가치는 단순히 이기고 지는 결과에 있지 않습니다. 경기의 과정에서 서로를 존중하고, 공정하게 경쟁하며, 더 나은 사회를 향해 나아가는 데 있습니다. 이 책을 통해 스포츠가 가진 윤리적 의미와 사회적 책임에 대해 다시 한번 생각해보는 시간이 되길 바랍니다.

저자 일동

스포츠윤리란 무엇인가?

스포츠윤리란 무엇인가

1. 스포츠윤리의 정의

스포츠윤리는 스포츠 활동과 관련된 모든 행위의 주체들이 지켜야 할 도덕적 기준과 가치 체계를 의미한다. 이는 단순히 규칙을 준수하는 것을 넘어, 스포츠가 지향하는 공정한 경쟁과 인간 존엄성의 가치를 실현하기 위한 윤리적 기준과 행동 규범을 포함하고 있다. 스포츠윤리는 선수, 지도자, 심판, 관중뿐만 아니라 스포츠를 둘러싼 기업과 조직, 미디어 등 모든 이해관계자들에게 적용되며, 스포츠가 사회적 책임을 다하고 긍정적인 영향을 끼칠 수 있도록 하는 기준이 된다.

스포츠는 경쟁을 본질로 하는 활동이지만, 이 경쟁이 공정하고 정의로워야만 그 의미가 온전히 실현될 수 있다. 이때 공정성이란 모든 참가자가 동등한 조건에서 실력을 겨루고, 규칙과 절차가 공평하게 적용되며, 결과가 정당하게 인정되는 것을 의미한다. 이러한 공정성은 스포츠윤리의 핵심 가치로 작용하며, 이를 위해 페어플레이(Fair Play), 정직(Honesty), 존중(Respect), 책임(Responsibility) 등의 도덕적 요소가 요구된다.

페어플레이는 스포츠윤리에서 가장 대표적인 개념이다. 이는 단순히 경기 규칙을 지키는 것을 넘어, 상대방과 심판을 존중하고, 비신사적인 행동을 삼가며, 승리를 위해 반칙이나 부정행위를 하지 않는 태도를 포함한다. 경기에서 승리를 거두는 것보다 더 중요한 것은 경쟁의 과정을 통해 서로를 존중하고, 스포츠가 지닌 순수성과 가치를 지키는 것이다. 이러한 태도가 바로 스포츠윤리가 지향하는 궁극적인 목표라 할 수 있다.

스포츠윤리는 또한 규칙이 명시하지 않는 상황에서도 윤리적 판단을 요구한다. 예를 들어 심판의 판정 오류로 인한 불공정한 이익을 얻었을 때, 스스로 그 이익을 포기하는 행동은 스포츠윤리의 실천 사례가 될 수 있다. 이러한 행동은 규칙보다 더 높은 차원의 도덕적 가치에 기반한 결정이며, 스포츠 정신을 구현하는 대표적인 예다.

현대 스포츠에서 스포츠윤리는 더욱 복합적인 의미를 지닌다. 젠더 평등, 인종차별 철폐, 장애인 스포츠의 활성화와 같은 사회적 이슈가 스포츠윤리의 중요한 영역으로 확장되고 있다. 또한 도핑, 승부조작, 스포츠 폭력, 선수 인권 침해 등과 같은 부정행위와 비윤리적 관행은 스포츠의 공정성과 정당성을 위협하는 요소로 지속적인 관심과 개선 노력이 필요하다. 스포츠윤리는 이러한 문제에 대응하기 위한 이론적 토대이자 실천 지침으로 작용한다.

결국 스포츠윤리는 스포츠가 단순한 경쟁과 오락을 넘어 인류 보편의 가치를 실현하는 장이 되도록 이끄는 중요한 기준이다. 스포츠를 통해 인간다운 삶의 가치와 사회적 정의를 실현하기 위해 스포츠윤리는 앞으로도 지속적으로 논의되고 발전해 나가야 할 분야이다.

2. 스포츠윤리가 중요한 이유

스포츠는 단순한 신체 활동을 넘어 인간의 정신과 사회의 가치를 반영하는 중요한 문화이다. 승부를 겨루는 경쟁의 장이지만, 그 안에는 공정성과 정의, 존중과 배려라는 도덕적 가치가 자리 잡고 있어야만 스포츠 본연의 의미가 지켜질 수 있다. 이러한 가치를 구현하고 지켜내기 위해 스포츠윤리는 필수적이며, 이는 스포츠가 개인과 사회에 미치는 긍정적 영향력을 극대화하는 기반이 된다. 이를 바탕으로, 스포츠윤리가 실천적 차원에서 어떤 역할을 수행하는지를 구체적으로 논의해보고자 한다.

첫째, **스포츠윤리는 공정한 경쟁이 이루어질 수 있는 토대를 마련한다. 스포츠에서 공정성(Fairness)은 가장 중요한 가치 중 하나이다.** 모든 선수는 동등한 규칙 아래에서 자신의 기량을 겨루어야 하며, 결과는 노력과 실력에 따라 결정되어야 한다. 그러나 승부에 대한 과도한 집착은 부정행위나 반칙, 도핑과 같은 윤리적 문제를 초래할 수 있다. 이러한 행위는 스포츠의 신뢰성을 훼손하고, 승부의 가치를 떨어뜨린다. 스포츠윤리는 이러한 부정행위를 예방하고, 정당한 경쟁이 이루어질 수 있도록 하는 기준을 제공한다.

둘째, **스포츠가 교육적, 사회적 기능을 수행하기 위해서다.** 스포츠는 청소년과 사회 전반에 긍정적인 교육적 영향을 미치는 중요한 매개체다. 협동심, 인내심, 규칙 준수, 타인에 대한 존중과 배려 등은 스포츠를 통해 자연스럽게 학습된다. 하지만 이러한 긍정적 기능은 스포츠가 윤리적 토대 위에서 운영될 때만 가능하다. 폭력, 차별, 편견이 존재하는 스포츠 환경은 오히려 반사회적 태도와 왜곡된 가치관을 조장할 위험이 있다. 스포츠윤리는 이러한 문제를 예방하고, 스포츠가 건강한 사회화 도구로 기능하도록 돕는다.

셋째, **스포츠의 사회적 신뢰와 정당성을 유지하는 데 필수적이다.** 오늘날 스포츠는 국가 간 경쟁, 대중 오락, 거대한 산업으로 확장되었다. 이 과정에서 경기 외적인 이해관계와 상업적 이익이 개입하면서 스포츠의 순수성이 훼손될 위험도 커지고 있다. 승부 조작, 선수 인권 침해, 부당한 심판 판정과 같은 사례는 스포츠에 대한 사회적 신뢰를 떨어뜨린다. 스포츠윤리는 이러한 문제를 예방하고 해결하기 위한 원칙을 제시하며, 스포츠가 사회로부터 지속적으로 신뢰를 받을 수 있도록 한다.

넷째, **인권과 평등의 가치를 실현하는 장으로서의 스포츠를 가능하게 한다.** 스포츠는 다양한 인종, 성별, 연령, 장애 여부와 관계없이 누구나 참여할 수 있는 열린 공간이어야 한다. 그러나 실제로는 인종차별, 성 차별, 장애인에 대한 배제와 같은 문제가 여전히 존재한다. 트랜스젠더 선수의 경기 참여 문제도 대표적인 윤리적 논쟁 중 하나다. 스포츠윤리는 이러한 갈등을 조정하고, 인권 존중과 평등이라는 보편적 가치를 실현하는 기준으로 기능한다.

다섯째, **스포츠의 지속 가능한 발전을 위해서도 중요하다.** 스포츠가 공정성과 윤리를 외면하면, 결국 팬과 참가자의 신뢰를 잃고 쇠퇴할 수밖에 없다. 특히 기술 발전으로 인한 공정성 논란(예: 비디오 판독, 착용 장비의 기술 차이 등)은 스포츠윤리적 판단이 점점 더 중요해지고 있음을 보여준다. 스포츠윤리는 이러한 변화 속에서 기술 발전과 윤리의 균형을 모색하며, 스포츠의 지속 가능성을 유지하는 기준을 마련한다.

결론

스포츠윤리는 스포츠가 단순한 승부를 넘어서 인간과 사회의 가치를 반영하고 실천하는 장이 되도록 만드는 필수적인 요소이다. 윤리가 지켜질 때 스포츠는 더욱 순수하고 감동적인 경쟁이 될 수 있으며, 사회적으로도 책임 있는 역할을 수행하게 된다. 따라서 스포츠윤리는 승자와 패자를 넘어 모든 참가자와 관중이 함께 만들어 가는 공정하고 정의로운 공동체의 기반인 것이다.

3. 스포츠윤리 문제 해결을 위한 접근법

스포츠는 공정한 경쟁과 상호 존중을 기본 가치로 갖고 있지만, 현실에서는 다양한 윤리적 문제가 끊임없이 발생한다. 도핑, 승부조작, 선수 인권 침해, 젠더와 인종차별, 상업화로 인한 부작용 등은 스포츠의 순수성을 훼손하고 사회적 신뢰를 떨어뜨리는 주요 요인이다. 따라서 이러한 문제를 해결하기 위해서는 다양한 차원의 접근법이 필요하며, 이를 체계적으로 실천할 때 스포츠윤리의 가치를 회복하고 유지할 수 있다.

1) 규범적 접근(Normative Approach)

규범적 접근은 윤리와 도덕의 기본 원칙을 기준으로 삼아 문제의 본질을 파악하고 해결책을 모색하는 방법이다. 이는 스포츠에서 '무엇이 옳은가', '어떤 가치가 최우선인가'를 중심으로 사고하고 행동하는 것을 의미한다. 예를 들어 승리를 위해 규칙을 어기거나 반칙을 위반하는 행위가 아무리 이익을 가져다주더라도 윤리적 관점에서는 용납될 수 없다. 규범적 접근은 정직, 공정성, 존중과 같은 보편적 가치를 중심으로 판단 기준을 세우고, 스포츠 참여자들이 이러한 가치를 내면화하도록 유도하는 역할을 한다.

2) 제도적 접근(Institutional Approach)

스포츠윤리 문제는 개인의 도덕성에만 의존해서는 해결하기 어렵다. 제도적 접근은 법과 규정을 정비하고, 제도적인 시스템을 통해 문제를 예방하고 해결하는 방식이다. 예를 들어 도핑 방지를 위해 세계반도핑기구(WADA)와 같은 국제기구가 도핑 테스트와 제재 규정을 엄격하게 관리하고 있는 대표적인 사례다. 또한 선수 보호를 위한 인권 가이드라인, 공정한 심판 시스템 구축, 스포츠 폭력 예방 교육 의무화 등도 제도적 접근의 일환이다. 강력하고 명확한 규정과 공정한 집행은 윤리적 문제 발생을 최소화하는 데 효과적이다.

3) 교육적 접근(Educational Approach)

스포츠윤리의식을 높이기 위해서는 지속적인 교육이 필수적이다. 선수, 지도자, 심판뿐만 아니라 스포츠 관계자와 팬에 이르기까지 윤리 교육이 이루어져야 한다. 스포츠윤리 교육은 단순한 규칙 교육이 아니라, 공정성과 존중의 가치를 이해하고 실천하도록 돕는 것을 목표로 한다. 청소년 시기의 윤리 교육은 특히 중요하며, 학교 체육 교육과 연계하여 스포츠의 본질과 윤리적 책임에 대해 교육할 필요가 있다. 이를 통해 스포츠 참여자들은 윤리적 딜레마 상황에서 스스로 올바른 판단을 내릴 수 있는 역량을 갖추게 된다.

4) 사회적 접근(Social Approach)

스포츠윤리 문제는 사회 구조와 문화와도 깊은 관련이 있다. 따라서 사회적 접근은 스포츠가 사회적 책임을 다하고, 사회적 가치와 연계되어 발전하도록 하는 방법이다. 인권 보호, 다양성과 포용성 강화, 성평등 실현 등은 스포츠가 사회와 함께 해결해야 할 과제다. 미디어와 팬 커뮤니티 또한 윤리적 기준을 공유하고, 부정행위에 대해 비판적 시각을 유지하며, 윤리적 스포츠 문화를 확산시키는 역할을 한다. 사회 전반의 윤리의식 향상은 스포츠 현장에 긍정적인 영향을 미친다.

5) 기술적 접근(Technological Approach)

첨단 기술의 발전은 스포츠윤리 문제 해결에 새로운 가능성을 제공한다. 비디오 판독(VAR), 전자 심판 시스템, 도핑 테스트 기술의 고도화 등은 공정성을 강화하고 오심과 부정행위를 줄이는 데 기여하고 있다. 그러나 기술이 새로운 윤리적 문제를 초래할 수도 있기 때문에 기술 도입 시 공정성과 투명성을 보장하는 기준 마련이 중요하다. 기술은 윤리적 판단을 보조하는 수단으로 활용되어야 하며, 궁극적인 결정은 인간의 책임 아래 이루어져야 한다.

결론

스포츠윤리 문제를 해결하기 위해서는 단일한 방식이 아닌 다각도의 접근이 필요하다. 규범과 제도, 교육, 사회적 참여, 기술이 유기적으로 연결될 때, 스포츠윤리가 실제로 구현될 수 있다. 이러한 통합적 접근법을 통해 스포츠는 공정성과 정의를 실현하며, 인간 존엄성을 존중하는 진정한 경쟁의 장으로 자리매김할 수 있을 것이다.

4. 스포츠공정위원회란?

스포츠공정위원은 스포츠 분야에서 발생하는 다양한 윤리적 문제와 분쟁을 공정하고 투명하게 심의하고, 그에 대한 판단과 조치를 내리는 역할을 수행하는 전문 위원이다. 이들은 스포츠가 지향하는 공정성(Fairness)과 투명성(Transparency)을 실현하기 위해 설립된 스포츠공정위원회 또는 스포츠윤리 관련 기구에 소속되어 활동한다.

스포츠공정위원은 주로 국가나 지방자치단체의 스포츠 기관, 혹은 각 종목별 스포츠 협회 및 연맹 산하 기구에 설치된 공정위원회에서 활동하며, 그 위상과 역할은 스포츠 단체의 규정과 관련 법령에 의해 규정된다. 대표적인 사례로는 국민체육진흥법과 체육단체 규정에 의해 운영되는 공정위원회가 있으며, 이들은 스포츠의 질서를 유지하고 참여자 간의 권익을 보호하는 데 중추적인 역할을 한다.

1) 목적 및 역할

법제, 포상, 징계 등의 공정한 심의를 통한 스포츠계 전반의 공정성 확립

▌ 다음 각 호의 사항을 심의한다.
- 체육회 각종 규정의 총괄 관리
- 체육회와 체육회 관계단체 등 단체와 개인의 공적에 대한 포상
- 체육회와 체육회 관계단체 등 단체와 개인의 비위에 대한 징계
- 체육회 또는 회원단체 임원의 연임 횟수 제한의 예외 인정 심의 및 회원시·도체육회의
- 시·도 종목단체 임원에 대한 임원 심의 재심의

▌ 제60조에 따른 분쟁의 해결

- 체육회 내부, 체육회와 체육회 관계단체 간, 체육회 관계단체 간에 발생하는 경기, 제도, 단체 운영 등과 관련된 분쟁(그 구성원 간 분쟁을 포함한다)은 체육회 스포츠공정위원회에서 우선 조정·중재되어야 한다.

2) 주요 역할과 기능

스포츠공정위원의 핵심 임무는 스포츠 현장에서 발생하는 윤리 위반 사례와 불공정 행위에 대한 심의와 징계다. 이들은 공정한 절차에 따라 사안을 조사하고, 사실관계를 판단하여 적절한 징계나 시정 조치를 결정한다. 대표적인 처리 사안은 다음과 같다.

- **승부조작이나 부정행위 적발 및 징계 심의**
- **도핑 위반에 대한 조사와 처분 결정**
- **선수나 지도자 간 폭행, 성희롱, 인권 침해와 관련된 사안 처리**

- 징계 이의신청이나 분쟁 조정에 대한 심의
- 경기 운영이나 심판 판정과 관련된 공정성 시비 해결

3) 스포츠공정위원의 자격과 구성

스포츠공정위원은 법률, 스포츠윤리, 인권, 심판 운영 등 다양한 분야의 전문가로 구성된다. 위원의 전문성과 중립성, 공정성이 보장되어야 하며, 외부 이해관계로부터 자유로운 인물들이 선발된다. 위원들은 독립된 지위에서 심의에 참여하며, 모든 절차는 투명하고 공정하게 진행되어야 한다.

대개 위원회는 위원장 1인과 위원 여러 명으로 구성되며, 사건에 따라 소위원회를 구성하거나 전체 위원회가 함께 심의에 참여한다.

4) 스포츠공정위원회의 법적 근거

한국에서는 국민체육진흥법, 성폭력 방지법, 학교체육진흥법 등과 같은 법률을 근거로 스포츠공정위원회의 설치와 운영이 규정된다. 특히, 2019년 체육계의 폭력과 성폭력 사건을 계기로 스포츠윤리센터와 각종 공정위원회가 강화되었으며, 이로 인해 스포츠공정위원의 역할과 권한이 더욱 확대되었다.

5) 스포츠공정위원의 중요성

스포츠공정위원은 스포츠계 내부의 자율성과 공정성을 동시에 실현하는 역할을 맡고 있다. 선수와 지도자, 심판, 체육 관계자의 권리와 의무를 명확히 하고, 윤리적 기준을 세움으로써 스포츠의 신뢰성을 높이는 데 기여한다. 또한 스포츠 환경이 공정하고 안전하게 유지되도록 하는 감시자이자 조정자로서의 기능도 수행한다.

6) 미래 과제와 발전 방향

스포츠공정위원회의 역할은 앞으로 더욱 중요해질 전망이다. 스포츠계의 복잡한 이해관계 속에서 독립성과 전문성을 강화하고, 공정한 판정을 위해 데이터 기반 분석이나 디지털 기술을 적극적으로 도입해야 할 필요가 있다. 또한 피해자 보호와 인권 중심의 절차를 강화하여 신뢰받는 공정성을 실현하는 것이 과제로 남아 있다.

1부. 스포츠윤리의 본질과 철학적 기초

스포츠윤리의 본질과 철학적 기초

제1장. 스포츠윤리의 개념과 발전

1. 스포츠윤리의 정의와 적용 범위

1) 스포츠윤리의 정의

스포츠윤리는 스포츠 활동과 관련된 모든 행위 주체가 지켜야 할 도덕적 가치와 행동 기준을 의미한다. 이는 공정성(Fairness), 정직(Honesty), 존중(Respect), 책임(Responsibility), 배려(Care) 등의 보편적인 윤리 원칙을 스포츠 현장에 적용하여, 스포츠가 지향해야 할 올바른 방향을 제시하는 역할을 한다.

스포츠윤리는 단순히 경기 규칙의 준수를 넘어, 경쟁 과정에서 상대방과 심판, 관중을 존중하고, 승리를 위해 비윤리적 방법을 사용하지 않으며, 스포츠맨십(Sportsmanship)에 입각한 공정한 경쟁을 강조한다.

또한 스포츠윤리는 선수, 지도자, 심판, 관중뿐만 아니라 스포츠 기관, 미디어, 후원사 등 **스포츠에 참여하거나 관련된 모든 이해관계자의** 윤리적 책임과 행동 규범을 포함한다. 스포츠윤리가 실천될 때 스포츠는 단순한 경기와 승부를 넘어 인권 존중, 정의 실현, 사회적 통합 등 긍정적인 사회적 가치를 실현하는 장이 될 수 있다.

2) 스포츠윤리의 적용 범위

스포츠윤리는 매우 넓은 범위에서 적용되며, 경기장 안팎을 넘어 사회 전반에 영향을 미친다. 구체적으로는 다음과 같은 영역에서 스포츠윤리가 요구된다.

① **경기와 경쟁 과정**

- **공정한 경쟁과 규칙 준수**
  모든 선수와 팀은 동등한 조건에서 경쟁해야 하며, 정해진 규칙과 절차를 준수해야 한다.

- **페어플레이(Fair Play)**
  비록 승부가 중요한 경기라 하더라도 상대에 대한 존중과 배려가 필요하며, 반칙과 부정행위는 지양되어야 한다.

- **심판의 공정한 판정과 수용**
  심판의 결정은 존중되어야 하며, 이에 대한 무분별한 항의나 폭력적 행위는 스포츠 정신에 어긋난다.

② 선수와 지도자의 관계

- **인권 존중**
  지도자는 선수의 신체적·정신적 권리를 존중하고, 체벌이나 성폭력, 언어폭력 등 인권 침해를 하지 않아야 한다.

- **정당한 지도와 보호**
  지도자는 선수의 성장과 보호를 최우선으로 하며, 성적만을 위해 무리한 훈련이나 약물 사용을 강요해서는 안 된다.

③ 스포츠 조직과 운영

- **투명한 조직 운영**
  체육 단체와 협회는 모든 운영을 공정하고 투명하게 수행해야 하며, 부정 청탁이나 금품 수수, 승부조작 등의 비윤리적 행위를 근절해야 한다.

- **스포츠 정책과 윤리 기준 수립**
  공정성과 청렴성을 강화하기 위한 정책 수립과 윤리 기준 제정이 필요하다.

④ 관중과 미디어

- **공정한 응원과 존중**
  관중은 상대팀과 선수에 대한 모욕이나 차별적 언행을 하지 않아야 하며, 경기를 즐기면서도 질서를 지켜야 한다.

- **윤리적 보도와 중립성 유지**
  미디어는 공정한 정보 전달과 스포츠 가치 확산을 위해 왜곡된 정보나 편파 보도를 하지 않아야 한다.

⑤ 사회적 차원

- **성평등, 인종차별 금지, 장애인 스포츠 권리 보장**
  모든 사람은 성별, 인종, 국적, 장애 여부와 관계없이 스포츠에 참여할 권리가 있으며, 이를 실현하기 위한 윤리적 책임이 요구된다.

- **지속 가능한 스포츠 발전**
  스포츠를 둘러싼 환경과 자원을 보호하며, 장기적으로 지속 가능한 스포츠 생태계를 구축하는 것도 윤리의 일환이다.

결론

스포츠윤리는 스포츠의 기본 정신과 가치가 경기장에서뿐만 아니라 사회 전반에 걸쳐 실현될 수 있도록 하는 기준이다. 이는 단순히 규칙을 지키는 것을 넘어, 인권과 정의, 평등과 공정이라는 보편적 가치를 스포츠를 통해 실천하고 확산시키는 것이다. 스포츠윤리가 실천될 때 스포츠는 개인과 사회에 긍정적인 변화를 이끄는 강력한 힘이 될 수 있다.

2. 스포츠윤리의 역사와 철학적 배경

1) 스포츠윤리의 역사

스포츠윤리의 개념은 고대 스포츠의 탄생과 함께 시작되었다. 인간이 규칙에 따라 경쟁하고, 이를 통해 승패를 가르는 행위는 오래전부터 존재해 왔으며, 이러한 활동 속에서도 공정성과 명예, 정직과 같은 가치가 강조되었다.

① 고대 올림픽과 스포츠윤리

고대 그리스의 올림픽 경기는 단순한 체력 경쟁이 아닌 인간 정신과 신체의 조화를 추구하는 행사였다. 선수들은 경기에 앞서 신들에게 맹세하며 정직하고 공정하게 경쟁할 것을 다짐했다. 승리자는 명예와 존경을 받았고, 반칙이나 부정행위를 저지른 자는 신의 저주를 받는다고 여겨졌다. 이러한 규범은 당시의 도덕과 종교적 신념에서 비롯된 것이었다.

② 근대 스포츠의 발달과 윤리의식 강화

19세기 영국에서 현대 스포츠가 체계화되면서 스포츠맨십(sportsmanship)이 중시되었다. 이는 '정정당당한 경기', '상대에 대한 존중'을 기반으로 하는 스포츠윤리의 근본정신을 강화했다. 이 시기 공립학교에서는 스포츠가 인격 수양과 도덕 교육의 수단으로 자리 잡았다.

③ 올림픽 정신과 스포츠윤리

20세기 초, 근대 올림픽을 부활시킨 쿠베르탱 남작은 "올림픽은 참가에 의의가 있다"고 강조하며, 경쟁보다 참여와 페어플레이의 가치를 설파했다. 이는 스포츠윤리가 단순히 경기 규칙 준수를 넘어 인류 공동체의 화합과 평화 증진을 위한 도구가 되어야 한다는 철학을 담고 있다.

④ 현대 스포츠와 윤리적 문제의 부각

현대에 들어서는 스포츠 상업화, 도핑, 승부조작, 성폭력 등 윤리적 문제가 급격히 증가하면서 스포츠윤리에 대한 관심이 더욱 커졌다. 이에 따라 국제올림픽위원회(IOC)나 세계반도핑기구(WADA), 스포츠윤리센터 등의 기관이 윤리 강령을 제정하고, 제도적 시스템을 구축하게 되었다.

2) 스포츠윤리의 철학적 배경

스포츠윤리는 단순한 규칙 준수를 넘어 인간 존재와 도덕적 가치를 탐구하는 철학적 논의와 깊은 관련이 있다. 여러 철학적 이론이 스포츠윤리의 토대를 형성하며, 각기 다른 관점에서 스포츠의 윤리성을 설명하고 있다.

① 규범 윤리학 (Normative Ethics)
스포츠윤리는 행위의 옳고 그름을 판단하는 규범 윤리학과 밀접하다. 규범 윤리는 특정 상황에서 어떤 행위가 도덕적으로 옳은가를 다루며, 스포츠에서도 '반칙', '승부조작' 같은 행위의 도덕성을 평가한다.

② 의무론적 윤리 (Deontology)
칸트의 의무론은 스포츠윤리에서도 중요한 관점을 제공한다. 선수는 결과에 상관없이 정직과 공정이라는 윤리를 지켜야 하며, 이는 절대적인 도덕 법칙에 해당한다고 본다. '승리'라는 결과가 '반칙'을 정당화할 수 없다는 입장이다.

③ 공리주의 윤리 (Utilitarianism)
공리주의는 '최대 다수의 최대 행복'을 추구하며, 스포츠에서는 규칙 준수와 공정한 경쟁이 전체 스포츠 팬과 참가자에게 긍정적 영향을 준다고 본다. 다만 때로는 지나친 결과 중심의 사고가 윤리적 문제를 야기하기도 한다.

④ 덕 윤리 (Virtue Ethics)
덕 윤리는 인간의 성품과 인격을 중시한다. 스포츠는 단순한 기술 경쟁이 아닌 인내, 용기, 절제, 정직과 같은 인격적 덕성을 함양하는 장으로 인식된다. 이는 스포츠맨십과 직접적으로 연결된다.

⑤ 정의론 (Theory of Justice)
존 롤스(John Rawls)의 정의론은 스포츠 분야에서도 적용된다. 롤스는 '공정한 기회의 균등'을 주장했으며, 이는 스포츠에서 모든 선수가 동등한 조건과 기회를 갖고 경기에 임할 수 있어야 한다는 원칙으로 이어진다.

결론

스포츠윤리는 고대부터 현대에 이르기까지 인류의 도덕적 가치와 함께 발전해왔다. 철학적 논의 속에서 스포츠는 인간의 덕성과 공동체의 윤리를 실현하는 공간으로 자리 잡았다. 현대 스포츠윤리는 복잡한 이해관계와 기술 발전 속에서도 본질적인 인간 존엄성과 정의, 공정성을 지키기 위한 철학적·윤리적 사유와 실천을 지속적으로 요구하고 있다.

3. 스포츠윤리와 국제 협약

1) 글로벌 스포츠와 윤리의 필요성

스포츠는 전 세계적으로 가장 널리 사랑받는 문화이자 산업이다. 국경과 언어, 인종을 초월하여 사람들을 연결하고 감동을 선사하는 스포츠는 단순한 경기 이상의 사회적 의미를 지닌다. 하지만 스포츠가 발전하고 상업적 가치가 커짐에 따라 다양한 윤리적 문제가 동시에 발생하고 있다. 도핑, 승부 조작, 성폭력과 폭력, 차별과 인권 침해는 스포츠의 공정성과 신뢰성을 위협하는 주요 요소로 부각되고 있다.

특히, 국가 간 경쟁이 치열해지고, 스포츠 산업이 글로벌화 되면서 각국의 윤리 기준이 상이하고 관리 체계가 분산되어 있어 이를 조율하고 통일된 기준을 마련하기 위한 국제적인 노력이 요구되었다. 이에 따라 다양한 국제 기구와 협약이 등장하게 되었고, 이들은 스포츠윤리를 보호하고 증진시키는 역할을 담당하고 있다.

2) 스포츠윤리의 국제적 접근과 필요성

① 스포츠윤리가 국제적으로 중요한 이유

스포츠는 국가 간 외교, 경제, 사회적 이해관계가 얽혀 있어 한 국가의 윤리 문제가 전 세계 스포츠계 전체의 신뢰성에 영향을 미친다. 또한 국가별 스포츠 법률과 규정이 다르기 때문에 윤리 기준을 국제적으로 일치시키지 않으면 불공정한 상황과 혼란이 발생할 수 있다. 이를 방지하고 공정하고 투명한 국제 스포츠 환경을 조성하기 위해 국제 협약과 기구가 필요하게 된 것이다.

② 윤리 기준을 국제적으로 통일해야 하는 이유

- 공정 경쟁(Fair Competition)보장
- 선수 인권 보호(Human Rights in Sports)
- 스포츠의 무결성(Sports Integrity)강화
- 국가 간 신뢰 형성 및 스포츠 외교 활성화
- 부패 및 범죄 행위 방지(승부조작, 불법 베팅, 도핑 등)

3) 주요 국제 스포츠윤리 협약과 기구

① 세계반도핑기구(WADA)와 세계반도핑규약(World Anti-Doping Code)

WADA는 1999년 설립된 비정부 국제기구로, 도핑 근절을 위해 활동하고 있다. 세계반도핑규약은 도핑과 관련된 가장 포괄적이고 통일된 국제 기준으로, 도핑 검사 절차와 금지약물 목록, 위반 시 제재 조치 등을 명확히 규정하고 있다.

WADA는 모든 국가와 스포츠 단체가 규약을 준수하도록 요구하며, 이를 위반하는 경우 국제 대회 참가 제한과 같은 강력한 제재를 가하기도 한다.

- **사례:** 러시아 도핑 스캔들(2015)은 WADA의 조사와 국제적 제재를 이끌어냈고, 이후 국제 스포츠계에 윤리 기준 강화의 계기가 되었다.

② 유네스코 국제스포츠반도핑협약(UNESCO International Convention Against Doping in Sport)

2005년 유네스코에서 채택된 이 협약은 WADA의 규약을 국제법적 구속력이 있는 조약으로 발전시킨 것이다.

국가들은 자국 내 도핑 방지법을 제정하고, 청소년과 일반 대중을 대상으로 한 교육과 예방 활동을 수행해야 한다. 한국도 2007년 비준국이 되어 WADA와 협력하고 있으며, 대한체육회 산하 KADA(한국도핑방지위원회)가 이를 관리하고 있다.

③ 국제올림픽위원회(IOC)와 올림픽 헌장(Olympic Charter)

IOC는 올림픽 정신을 유지하고 스포츠의 윤리적 가치 실현을 위해 윤리 강령(Olympic Movement Code of Ethics)을 제정하고 있다.

올림픽 헌장은 인권, 공정성, 차별 금지를 기본 원칙으로 하고 있으며, 모든 국가와 선수, 관계자는 이를 준수해야 한다. IOC는 또한 윤리위원회를 통해 부정행위와 부패에 대한 조사를 수행하고 징계를 내린다.

- **주요 내용:** 인종, 성별, 종교 등에 따른 차별 금지 조항, 승부조작과 도핑 근절, 청렴한 스포츠 운영 촉구

④ 유럽평의회(EC) 스포츠 협약

유럽평의회는 스포츠에서의 폭력과 차별을 근절하기 위한 다양한 협약을 마련했다.

특히 승부조작과 불법 스포츠 도박 근절을 위한 Macolin Convention(2014)은 유럽을 넘어 전 세계적으로 채택되고 있으며, 국가 간 협력을 통해 불법적인 베팅과 조작에 대한 수사를 지원한다.

⑤ 스포츠 무결성 글로벌 연합(SIGA)와 국제스포츠윤리센터(ICSS)

SIGA는 2017년 설립된 국제 민간기구로, 스포츠 부패 근절과 청렴성 확보를 목표로 한다.

- **기능:** 부패 방지 기준 마련, 청렴성 감사 시스템 운영, 윤리 평가
  ICSS는 스포츠 안전과 무결성, 인권 보호를 위한 정책을 연구하고, 교육과 컨설팅 서비스를 제공한다. 특히 중동, 아시아 지역에서 스포츠윤리 개선을 위한 프로젝트를 진행하고 있다.

4) 국제 스포츠윤리 협약의 사례와 효과

① 러시아 국가 주도의 도핑 스캔들

2015년 WADA와 IOC는 러시아 국가가 조직적으로 선수들에게 금지 약물을 투여하고, 이를 은폐한 사실을 밝혀냈다.

결과적으로 러시아는 2018 평창동계올림픽, 2021 도쿄올림픽 등 주요 대회에서 자국 명의로 참가하지 못하고, '중립국'으로 출전해야 했다.

이 사례는 WADA와 유네스코 협약의 실효성을 입증하며, 국제 사회가 도핑에 대한 무관용 원칙을 강화하는 계기가 되었다.

② FIFA의 윤리 규정과 블라터 회장 부패 스캔들

FIFA는 2012년 윤리위원회를 강화하고 부패와 비리 조사 권한을 부여했다. 이후 전 회장 제프 블라터와 집행위원들이 뇌물 수수와 부정 청탁 혐의로 징계를 받았다.

FIFA 윤리 규정은 국제 스포츠 단체의 투명성과 청렴성을 높이는 모델이 되었다.

5) 한국의 참여와 역할

한국은 국제 스포츠윤리 협약의 주요 국가로서, 다음과 같은 활동을 수행하고 있다.

- **세계반도핑기구(WADA) 정회원 가입 및 활동**
- **스포츠윤리센터 설립(2020)** : 인권 침해 조사, 폭력, 성폭력 근절, 피해자 보호 및 지원
- **청소년 스포츠 인권 보호 프로그램 운영**
- **대한체육회 산하 KADA를 통한 도핑 검사 및 예방 교육** : 한국은 국제 기준에 부합하는 정책과 프로그램을 도입하여 스포츠 인권과 윤리 강화에 앞장서고 있다.

6) 향후 과제와 전망

국제 스포츠윤리 협약은 전 세계적인 윤리 기준을 세우고 있지만, 여전히 다음과 같은 과제가 존재한다.

- **협약 이행의 불균형**: 일부 국가의 미흡한 이행
- **기술 발전에 따른 윤리 논쟁**: 유전자 도핑, 인공지능 심판 판정 등 새로운 문제
- **피해자 보호 강화 필요성**: 2차 피해 예방과 지원 시스템 확립

향후 국제 스포츠윤리 협약은 지속적인 개정과 발전, 국가 간 협력 강화, 디지털 기술과 윤리 기준의 조화를 통해 스포츠의 공정성과 신뢰성을 더욱 강화해야 한다.

결론

스포츠윤리와 국제 협약은 글로벌 스포츠가 공정성과 청렴성을 바탕으로 발전하기 위한 핵심 요소이다. 도핑, 승부조작, 인권 침해 등 스포츠계가 직면한 윤리적 도전에 대응하기 위해 국제 사회는 끊임없이 노력하고 있으며, 이러한 협약과 기구들은 스포츠가 인류의 평화와 화합을 위한 공정한 장이 되도록 돕고 있다. 스포츠윤리의 강화는 단순히 경기장의 문제가 아닌, 인류 공동체가 지향해야 할 보편적 가치 실현의 과정이다.

제2장. 스포츠와 공정성의 원칙

1. 공정 경쟁의 의미와 가치

1) 공정 경쟁의 의미

공정 경쟁(Fair Competition)은 스포츠에서 가장 근본적이고 핵심적인 가치다. 이는 모든 참가자가 동일한 조건과 규칙 아래에서 경기에 임하고, 그 결과가 정당하게 평가되고 수용되는 것을 의미한다. 공정 경쟁은 단순히 규칙을 준수하는 것을 넘어서, 모든 참가자의 **인간적 존엄성**과 **기회의 평등**을 존중하는 태도를 포함하며, 스포츠가 사회적 신뢰와 도덕성을 유지하게 하는 필수적인 원칙이다.

공정 경쟁은 고대 올림픽 시대부터 강조되었던 스포츠 정신의 핵심 요소이며, '참가하는 것 자체에 의의가 있다'는 쿠베르탱 남작의 올림픽 정신 역시 공정한 경쟁이 전제되어야만 실현 가능하다. 따라서 공정 경쟁은 승리만을 위한 수단이 아니라 스포츠 자체의 존재 이유이자 스포츠가 사회에 기여하는 가치를 실현하는 방법이 된다.

현대 스포츠는 공정 경쟁을 다음 세 가지 기본 요소를 통해 실현하려고 한다.

① 기회의 평등(Equality of Opportunity)
선수는 모두 동일한 출발선에 서야 하며, 인종, 성별, 장애, 경제적 배경 등의 이유로 차별받지 않아야 한다. 이는 스포츠가 인권과 평등의 가치를 실천하는 장이 될 수 있도록 하는 기반이다.

② 공정한 규칙 적용(Consistent Application of Rules)
경기를 운영하는 모든 과정에서 규칙이 일관되고 공정하게 적용되어야 한다. 심판의 판정은 중립적이어야 하며, 모든 선수와 팀이 동일한 기준으로 평가받아야 한다.

③ 정직성과 페어플레이(Honesty & Fair Play)
선수 개인의 도덕성과 윤리적 판단이 중요하다. 규칙을 지키는 것은 물론, 상대방에 대한 존중과 배려를 갖고 경기에 임하는 자세가 요구된다. 정당하지 않은 승리는 스포츠의 본질을 훼손하며, 이는 선수 개인의 명예뿐만 아니라 스포츠 전체의 신뢰에 영향을 미친다.

2) 공정 경쟁의 가치

공정 경쟁은 스포츠가 단순한 신체 활동이나 경쟁을 넘어, **사회적 교육 도구**와 **문화적 가치**로 기능하게 하는 핵심 원칙이다. 공정 경쟁이 실현될 때 스포츠는 개인과 사회 모두에 긍정적인 가치를 제공할 수 있으며, 그 구체적인 가치는 다음과 같다.

① 정의(Justice)와 평등(Equal Opportunity)

공정 경쟁은 스포츠에서 정의의 실현이다. 공정한 규칙과 판정, 평등한 기회는 정의를 기반으로 한다. 불평등하거나 편파적인 판정은 정의에 반하는 것이며, 이는 경기 결과뿐만 아니라 스포츠 전체의 신뢰성을 훼손한다. 스포츠가 정의롭다는 신뢰가 있어야 결과 또한 수용될 수 있고, 이는 스포츠의 사회적 신뢰로 이어진다.

② 존중과 배려(Respect & Consideration)

공정 경쟁은 상대방을 동등한 파트너로 인정하고 존중하는 데서 시작된다. 승리를 추구하는 과정에서 상대를 경멸하거나 규칙을 무시하는 행동은 스포츠 정신에 어긋난다. 페어플레이는 상대를 존중하고, 경기에 임하는 자세에서도 배려와 절제를 통해 스포츠의 가치를 드높인다.

③ 자율성과 책임(Autonomy & Responsibility)

공정 경쟁은 외부 강제나 처벌을 피하기 위한 수동적 준수가 아니라, 선수 스스로 윤리적 책임을 지는 자율적 실천이다. 각자가 스포츠윤리를 내면화하고, 정직한 행동을 스스로 선택해야만 진정한 공정 경쟁이 가능하다.

④ 신뢰와 투명성(Trust & Transparency)

경기 운영의 모든 과정이 투명해야 공정성을 인정받을 수 있다. 심판의 판정, 경기 결과, 운영 방식이 신뢰를 바탕으로 이뤄져야 하며, 이를 통해 스포츠 산업과 문화 전반의 신뢰가 유지된다.

⑤ 인간성의 실현(Human Dignity)

스포츠는 경쟁을 통해 인간의 한계에 도전하고, 이를 극복하는 과정에서 인간의 존엄성을 드러낸다. 공정 경쟁은 이 과정이 정당하게 평가받고 존중받을 수 있는 환경을 제공하며, 인간으로서의 가치를 실현하는 장이 된다.

3) 공정 경쟁이 스포츠에 미치는 영향

① 스포츠의 교육적 가치 실현

공정 경쟁은 스포츠가 청소년과 시민들에게 도덕성과 인격 형성에 긍정적인 영향을 미치게 한다. 규칙 준수와 정직, 배려와 존중의 가치를 자연스럽게 배우는 과정이 스포츠 활동에 내재되어 있다. 스포츠는 인성 교육의 실천장이며, 공정 경쟁은 이를 가능하게 한다.

② 스포츠 산업과 사회적 신뢰 유지

스포츠는 오늘날 거대한 산업이 되었고, 팬과 스폰서의 신뢰는 공정성을 전제로 한다. 승부조작, 도핑, 불공정 판정은 스포츠의 신뢰를 무너뜨리고, 이는 경제적·사회적 타격으로 이어진다. 공정 경쟁은 스포츠 산업이 지속 가능하게 발전할 수 있는 기반이다.

③ 사회 통합과 평화 증진

국가 간 갈등이나 사회적 차이를 넘어, 스포츠는 하나의 평화적 교류 수단으로 작용한다. 국제 스포츠 대회는 인종, 종교, 성별을 초월한 평등한 경쟁의 장이며, 공정 경쟁은 이러한 스포츠의 사회적 통합 기능을 뒷받침한다.

4) 공정 경쟁을 저해하는 요소와 해결 과제

① 도핑과 승부조작

도핑은 약물로 인위적인 경기력 향상을 통해 정당한 경쟁을 훼손하며, 승부조작은 경기 결과를 조작하여 스포츠의 본질을 뒤흔든다. 이를 근절하기 위한 국제 기구(WADA, FIFA, IOC 등)의 강력한 규제와 제재가 시행되고 있으며, 예방 교육과 윤리 의식 강화가 필수적이다.

② 심판 판정의 공정성 논란

심판의 오심이나 편파 판정은 공정 경쟁을 직접적으로 위협한다. 이를 해결하기 위해 비디오 판독(VAR), 전자 시스템의 도입이 확대되고 있으며, 심판의 윤리 교육과 독립성 확보가 요구된다.

③ 인권 침해와 차별

성별, 인종, 장애를 이유로 한 차별은 공정 경쟁의 전제인 평등을 저해한다. 성평등 보장, 장애인 스포츠 지원 확대, 인종차별 방지 캠페인 등이 필요하며, 국제 스포츠 협약을 통한 제도적 지원이 강화되고 있다.

결론

 공정 경쟁은 스포츠의 근본 가치이자 스포츠가 사회에 기여하는 본질적인 이유다. 이는 승패를 넘어 과정에서 정의와 인권을 실현하는 장이며, 인간성의 가치를 실천하는 기회이다. 공정 경쟁을 지키고 발전시키기 위해서는 개인의 윤리 의식과 함께 제도적 장치가 함께 강화되어야 하며, 이를 통해 스포츠는 지속 가능한 발전과 신뢰를 확보할 수 있다.

2. 규칙 준수와 심판의 역할

1) 규칙 준수의 의미와 중요성

스포츠에서 규칙은 단순히 경기를 운영하기 위한 기술적 기준을 넘어서, **공정성과 정의를 실현하는 도구이자 스포츠 정신의 구현 수단**이다. 규칙을 준수하는 것은 공정한 경쟁을 전제로 하며, 스포츠 활동이 인간성에 기반을 둔 윤리적 행위로 평가받을 수 있도록 한다. 만약 규칙이 존재하지 않거나 제대로 지켜지지 않는다면, 스포츠는 그 자체의 본질을 잃고 단순한 신체 활동이나 폭력적인 경쟁으로 변질될 수 있다.

① 규칙의 정의와 기능

스포츠 규칙은 경기의 목적과 방식, 참가자의 권리와 의무, 심판 및 운영의 절차를 구체적으로 규정한 기준이다. 규칙의 주요 기능은 다음과 같다.

- **경기의 질서 유지**
  경기가 원활하게 진행되도록 질서를 부여하고, 모든 참가자가 예측 가능한 환경에서 경쟁할 수 있도록 한다.

- **공정한 경쟁 보장**
  참가자 간 동등한 조건을 마련하여 결과에 대한 정당성을 확보하고, 경쟁이 결과 중심이 아닌 과정 중심으로 평가될 수 있도록 한다.

- **참가자의 권익 보호**
  선수 및 관계자의 신체적 안전과 인권을 보호하며, 폭력과 부당한 행위를 방지하는 역할을 한다.

- **스포츠의 의미와 가치 전달**
  규칙 준수는 스포츠가 추구하는 윤리적 가치를 체험하고 내면화할 수 있는 경험을 제공한다. 특히 페어플레이 정신은 규칙 준수를 통해 구현된다.

② 규칙 준수가 가지는 윤리적 가치

규칙 준수는 스포츠맨십(Sportsmanship)의 기본이며, 상대방에 대한 존중과 정직성, 책임감을 전제로 한다. 규칙을 어기지 않는 것은 단순히 외부의 통제 때문이 아니라, 참가자의 **내면화된 윤리 의식**에서 비롯되어야 한다. 이러한 실천은 스포츠의 순수성과 신뢰성을 유지하는 데 필수적이다.

규칙을 어겼을 때 발생하는 반칙(Foul)이나 비윤리적 행위는 공정 경쟁을 훼손하고, 상대방과 관중, 스포츠 전체에 대한 배신으로 간주된다. 규칙 준수는 결과보다 과정의 가치를 강조하며, 이를 통해 스포츠는 경쟁을 넘어선 인간 존엄성과 사회 정의의 장으로 기능할 수 있다.

2) 심판의 역할과 책임

스포츠 심판은 경기의 규칙을 적용하고 해석하는 권한을 갖는 공인된 인물로서, **공정성과 중립성, 신뢰성의 상징적 존재**다. 심판이 경기를 통제하고 규칙을 일관되게 적용함으로써 스포츠의 공정성을 보장하고, 선수와 관중이 결과에 대해 신뢰할 수 있도록 만드는 것이 심판의 핵심 역할이다.

① 심판의 역할

심판은 단순히 규칙 위반을 감시하고 처벌하는 존재가 아니다. 그들의 역할은 경기 전체를 아우르는 **윤리적 기준 수립자이자 공정한 경쟁의 보증인**이다. 심판의 주요 역할은 다음과 같다.

- **경기 규칙의 적용 및 판정**
  경기 중 발생하는 상황에 대해 규칙을 일관성 있게 적용하고 판정을 내린다. 심판의 판정은 곧 경기의 질서와 흐름에 직접적인 영향을 미친다.

- **경기의 질서 유지와 안전 확보**
  선수 간 충돌이나 불필요한 신체 접촉을 예방하고, 부상과 위험 요소를 사전에 차단하여 경기 참가자의 안전을 확보한다.

- **윤리적 기준과 스포츠맨십 강화**
  심판은 공정한 판정을 통해 선수들의 윤리 의식을 자극하고, 페어플레이가 실천되는 환경을 조성한다. 불필요한 항의나 불복은 심판의 권위를 무너뜨리고 경기의 품격을 떨어뜨리므로, 심판의 존재는 스포츠윤리 유지의 중요한 요소다.

② 심판의 자질과 책임

심판은 경기에 대한 기술적 이해뿐 아니라, 윤리적 판단 능력과 높은 도덕성을 갖춰야 한다. 심판의 자질과 책임은 다음과 같다.

- **공정성과 중립성 유지**
  심판은 경기 당사자나 외부 이해관계로부터 완전히 독립되어야 하며, 개인적 감정이나 편향을 배제하고 판정해야 한다. 특정 팀이나 선수에 유리한 판정은 공정성을 훼손하고 경기의 신뢰를 무너뜨리는 행위다.

- **신속하고 정확한 판단력**

  경기 중 즉각적으로 상황을 판단하고 판정해야 하므로, 높은 집중력과 경기 전반에 대한 통찰력이 필요하다.

- **윤리적 책임과 모범적 태도**

  심판의 판정 하나하나는 윤리적 기준을 반영해야 하며, 자신이 스포츠윤리 실천의 모범임을 자각하고 공정하고 정직한 자세를 유지해야 한다.

③ 심판 판정 논란과 기술 발전의 대응

심판의 판정은 스포츠윤리를 실현하는 핵심 요소이지만, 인간적 실수나 편파 판정 논란이 끊이지 않았다. 이를 보완하기 위해 비디오 판독(VAR), 호크아이 시스템, 전자 라인 판독 시스템 등이 도입되었고, 심판의 판정을 보조하는 기술 발전은 스포츠의 공정성을 높이는 데 기여하고 있다.

그러나 기술의 지나친 개입이 스포츠의 인간적 요소를 훼손할 수 있다는 비판도 존재하며, 심판의 최종 결정권과 책임은 여전히 인간 심판에게 귀속되고 있다. 기술은 심판의 공정성과 판정의 신뢰성을 보완하는 도구로 활용되어야 하며, 최종적인 윤리적 판단과 책임은 심판에게 있다.

3) 규칙 준수와 심판 역할의 상호 보완성

스포츠에서 규칙 준수와 심판의 역할은 서로 밀접하게 연결되어 있다. 규칙이 아무리 명확하고 공정하게 제정되어 있어도 심판이 이를 일관되게 적용하지 않거나, 참가자들이 이를 존중하지 않으면 스포츠의 공정성은 유지될 수 없다. 따라서 선수는 규칙을 자발적으로 준수하고, 심판은 그 준수 여부를 공정하게 판단하며, 양자가 상호 신뢰와 존중을 기반으로 경기에 임할 때 스포츠윤리는 실현된다.

① 선수와 심판의 신뢰 관계

선수들은 심판의 판정에 대한 신뢰를 바탕으로 경기에 집중할 수 있고, 심판은 선수들의 페어플레이와 규칙 준수를 통해 경기의 질서를 유지할 수 있다. 양측이 상호 존중과 책임을 공유할 때 스포츠는 진정한 윤리적 경쟁의 장이 된다.

② 관중과 미디어의 역할

관중과 미디어도 심판과 선수의 규칙 준수를 지지하고, 공정성을 지키는 문화를 조성하는 데 기여 해야 한다. 심판의 판정에 대한 무분별한 비판은 심판의 권위를 떨어뜨리고 스포츠윤리를 훼손할 수 있다. 대신 공정한 판정과 규칙 준수가 스포츠의 본질임을 함께 인식하는 노력이 필요하다.

결론

  규칙 준수와 심판의 역할은 스포츠윤리를 구현하는 양대 축이다. 규칙을 존중하고 이를 스스로 지키려는 자세, 그리고 이를 공정하고 중립적으로 적용하는 심판의 역할이 조화를 이룰 때, 스포츠는 그 순수성과 가치를 유지할 수 있다. 스포츠는 단순한 승패를 넘어, 인간성과 정의를 실현하는 장이어야 하며, 이를 위해 규칙 준수와 심판의 윤리적 책임이 무엇보다 중요하다.

3. 페어플레이의 정신과 실천 방안

1) 페어플레이의 정신

페어플레이(Fair Play)는 스포츠맨십(Sportsmanship)의 핵심이자 스포츠윤리의 출발점이다. 이는 단순히 규칙을 준수하는 것을 넘어, 상대방과 심판, 관중을 존중하고 공정한 경쟁을 실천하는 태도를 의미한다. 페어플레이는 경기에서 승리보다 중요한 가치를 강조하며, 상대방에 대한 배려, 정직, 책임, 그리고 존엄성 존중을 포함한다.

페어플레이는 고대 올림픽부터 강조되어 온 스포츠의 근본적 가치를 기반으로 한다. 근대 올림픽을 창시한 쿠베르탱 남작은 "올림픽에서 중요한 것은 승리가 아니라 참가하는 것이다"라는 말을 남기며, 승부를 넘어 참여와 과정, 그리고 페어플레이 정신의 중요성을 강조했다.

① 페어플레이의 기본 가치

- **정직(Honesty):** 경기 중 속임수나 반칙을 하지 않고, 승리를 위해 불법적인 방법을 사용하지 않는 것.

- **공정성(Fairness):** 모든 참가자가 동등한 조건에서 경쟁할 수 있도록 하며, 규칙을 공정하게 준수하는 것.

- **존중(Respect):** 상대방 선수와 심판, 관중, 경기장 자체를 존중하고 예의 바르게 행동하는 것.

- **책임(Responsibility):** 자신의 행동에 책임을 지고, 스포츠의 가치와 명예를 지키기 위해 자율적으로 윤리적 판단을 내리는 것.

② 페어플레이의 윤리적 의미

페어플레이는 결과 중심의 승리 지상주의를 넘어서 스포츠의 본질적인 가치를 지키는 윤리적 기준이다. 경기가 단순히 이기기 위한 수단이 아닌 인간의 인격과 덕성을 발휘하는 장이라는 인식을 전제로 하며, 이를 통해 스포츠가 인류 공동체의 윤리적 가치 실현에 기여할 수 있도록 한다.

2) 페어플레이의 실천 방안

페어플레이 정신을 실제 스포츠 현장에서 실천하기 위해서는 선수, 지도자, 심판, 팬, 그리고 스포츠 조직 모두가 함께 노력해야 한다. 다음은 페어플레이를 실천하기 위한 구체적인 방안이다.

① 선수 차원의 실천 방안

- **규칙 준수와 정직한 플레이**
  규칙을 지키는 것은 페어플레이의 가장 기본적인 조건이다. 선수는 경기에서 반칙이나 부정행위를 하지 않고, 정직하게 경쟁하여 자신의 실력을 정당하게 평가받아야 한다.

- **상대에 대한 존중과 배려**
  승부와 관계없이 상대를 존중하고, 경기 중에 발생하는 신체 접촉이나 경쟁 상황에서도 폭력을 자제하며, 상대방의 부상을 유발하지 않도록 배려하는 태도를 가져야 한다.

- **패배를 수용하고 겸손한 태도 유지**
  경기에서 패배했을 때 상대방을 축하하고 자신의 결과를 겸허히 받아들이는 것이 페어플레이 정신이다. 승리했을 경우에도 오만하거나 상대방을 무시하는 행동을 삼가야 한다.

② 지도자와 코치 차원의 실천 방안

- **공정한 지도와 교육**
  지도자는 선수들에게 페어플레이 정신을 가르치고, 경기의 결과보다 과정의 중요성을 강조해야 한다. 부정행위나 반칙을 조장하는 것은 스포츠윤리에 반하는 태도다.

- **인권 보호와 폭력 근절**
  선수를 존중하고, 신체적·정신적 폭력을 사용하지 않으며, 선수 개개인의 인권을 보호하는 지도가 필요하다. 승리만을 강조하는 훈련 방식은 페어플레이 정신을 훼손할 수 있다.

③ 심판과 경기 운영자의 실천 방안

- **공정하고 일관된 판정 유지**
  심판은 경기 내내 중립적이고 일관된 판정을 내려야 하며, 감정이나 외부 압력에 휘둘리지 않아야 한다. 판정이 공정할 때 선수와 관중 모두 페어플레이에 대한 신뢰를 갖게 된다.

- **선수 보호와 안전 확보**
  경기에서 반칙이나 위험한 행동을 신속하게 제지하고, 선수가 안전하게 경기에 참여할 수 있도록 환경을 조성해야 한다.

④ **팬과 관중 차원의 실천 방안**

- **응원 문화 개선과 상대 존중**
  팬과 관중은 응원할 때 상대팀과 선수를 존중하는 문화를 만들어야 한다. 인종차별, 성차별, 폭력적 언행은 페어플레이 정신에 위배된다.

- **심판과 선수의 결정을 존중**
  심판의 판정이나 경기 결과에 불만이 있더라도 이를 폭력적이거나 비윤리적인 방식으로 표출해서는 안 되며, 스포츠맨십을 지키는 태도를 보여야 한다.

⑤ **스포츠 조직과 협회의 역할**

- **윤리 강령 제정과 교육 확대**
  스포츠 조직은 페어플레이와 윤리를 위한 강령을 제정하고, 정기적인 교육과 캠페인을 통해 구성원의 인식을 개선해야 한다.

- **윤리 위반에 대한 공정한 제재와 관리**
  승부조작, 도핑, 폭력 등 윤리적 문제에 대해 철저히 조사하고, 공정하게 제재함으로써 스포츠 환경을 청렴하게 유지해야 한다.

3) 국제사회의 페어플레이 운동과 사례

① **국제 페어플레이 위원회(CIFP)**

국제 페어플레이 위원회(CIFP)는 1963년 설립되어 페어플레이 정신을 전 세계적으로 확산시키기 위해 다양한 활동을 하고 있다. 이들은 매년 페어플레이상을 시상하며, 페어플레이를 실천한 선수와 팀, 지도자들을 격려하고 있다.

② **IOC와 페어플레이 정신 확산**

국제올림픽위원회(IOC)는 올림픽 헌장을 통해 모든 국가와 선수에게 페어플레이 정신을 강조하고 있으며, 올림픽 경기 내내 윤리적 경쟁을 유도하고 있다.

③ **주요 사례**

- **파올로 디 카니오의 페어플레이 실천**
  2001년 잉글랜드 프리미어리그 경기 중 상대 골키퍼가 부상으로 쓰러진 상황에서 득점 기회를 포기하고 경기를 중단시킨 디 카니오의 행동은 대표적인 페어플레이 사례로 꼽힌다.

- **브라질 축구대표팀의 네이마르**
  2014년 브라질 월드컵 경기 중 상대 수비수에게 부상을 당하고도 팀이 아닌 상대 선수의 안위를 먼저 확인하며 경기를 이어간 모습은 스포츠맨십의 모범이 되었다.

결론

페어플레이는 스포츠의 가장 기본적이고도 보편적인 윤리 원칙으로, 단순히 규칙을 지키는 차원을 넘어 상대방과 스스로에 대한 존중을 전제로 한다. 스포츠가 진정한 경쟁의 장으로 기능하기 위해서는 선수, 지도자, 심판, 팬, 그리고 스포츠 조직이 모두 페어플레이 정신을 실천하고 확산시켜야 한다.

페어플레이는 승패를 넘어 스포츠가 인류 보편적 가치를 실현하고, 더 나은 사회로 나아가는 데 기여하는 윤리적 기반이다.

4. 스포츠 분쟁 해결의 윤리적 기준

1) 스포츠 분쟁의 개념과 특성

스포츠 분쟁은 선수, 지도자, 심판, 스포츠 단체 및 기관, 그리고 관중 사이에서 발생하는 다양한 갈등과 법적·윤리적 문제를 의미한다. 이러한 분쟁은 경기 결과, 규칙 위반, 계약 관계, 인권 침해, 폭력 및 성폭력 사건, 도핑과 승부조작 등 여러 영역에서 발생할 수 있으며, 갈등의 성격이 복잡하고 민감하다.

스포츠는 공정성과 정의를 중시하는 분야이기 때문에, 분쟁이 발생할 경우 그 해결 방식은 스포츠윤리의 원칙과 기준을 바탕으로 해야 한다. 단순히 법적 해결을 넘어서 스포츠의 본질적 가치인 **공정성(Fairness), 정의(Justice), 존중(Respect)**을 유지하고 실현하는 윤리적 기준이 중요하다.

2) 스포츠 분쟁 해결의 기본 원칙

스포츠 분쟁 해결에 있어 윤리적 기준은 절차적 정의(Procedural Justice)와 실질적 정의(Substantive Justice)를 모두 충족하는 방식으로 접근해야 한다. 윤리적 기준은 분쟁 당사자 모두가 공정하게 대우받고, 분쟁 해결 과정이 투명하고 합리적으로 진행될 수 있도록 하는 역할을 한다.

① 공정성(Fairness)

분쟁 해결 절차는 모든 당사자가 평등하게 접근할 수 있어야 하며, 특정인이나 단체의 이해관계에 의해 편향되어서는 안 된다. 공정성은 심판, 조사자, 중재위원회의 독립성과 중립성을 통해 실현된다.

② 투명성(Transparency)

분쟁 해결 과정과 결과는 명확하고 공개적으로 운영되어야 한다. 절차가 비공개로 진행되더라도, 결정의 근거와 과정은 이해 당사자가 신뢰할 수 있도록 투명하게 설명되어야 한다.

③ 신속성과 효율성(Swiftness & Efficiency)

스포츠 분쟁은 선수의 커리어나 경기 일정과 직결되기 때문에 신속하게 해결될 필요가 있다. 지나치게 지연되는 절차는 당사자에게 불이익을 초래하며, 스포츠의 공정성을 훼손할 수 있다.

④ 독립성과 중립성(Independence & Neutrality)

분쟁 해결 기구나 위원은 외부 압력이나 특정 이해관계로부터 자유로워야 한다. 스포츠의 특성상 권력과 영향력이 집중될 수 있으므로, 독립적인 기구의 운영이 필수적이다.

⑤ 인권 존중과 피해자 보호(Human Rights & Victim Protection)

성폭력이나 인권 침해와 관련된 분쟁에서는 무엇보다 피해자의 권익 보호가 우선되어야 하며, 2차 피해를 방지하는 시스템이 갖추어져야 한다. 진술 보호, 익명성 유지, 심리적 지원 등이 포함된다.

3) 스포츠 분쟁 해결 절차의 유형과 윤리적 기준

스포츠 분쟁은 다양한 해결 절차를 통해 해결되며, 각 과정은 윤리적 기준에 따라 운영되어야 한다.

① 자율적 조정과 협상

분쟁 초기 단계에서는 당사자 간의 자율적인 협상과 조정을 통해 해결을 모색하는 것이 일반적이다. 이 과정에서 윤리적 기준은 상호 존중과 신뢰를 바탕으로 한다.

- 당사자 간의 이해와 관점 차이에 대한 공감
- 상대방의 권리를 인정하고, 비방이나 강요 없는 협상
- 윈윈(Win-Win)을 목표로 하는 합리적 접근

② 중재(Arbitration)

중립적인 제3자가 당사자의 동의 하에 분쟁을 심리하고 판정을 내리는 방식이다. 스포츠 중재 재판소(CAS, Court of Arbitration for Sport)가 대표적이다. 중재는 법적 구속력이 있으며, 윤리적 기준을 충족하기 위해 다음이 필요하다.

- 공정한 중재인 선임과 그 과정의 투명성
- 증거와 진술이 평등하게 평가되는 절차적 정의
- 결정 이후 당사자의 권리를 보호하는 후속 조치

③ 징계 및 제재 절차

스포츠 조직이나 협회가 분쟁과 관련하여 내부 규정에 따라 징계를 내리는 경우다. 이 과정은 절차적 정의와 투명성을 기본으로 하며, 자의적 판단이나 권력 남용이 없어야 한다.

- 명확한 규정과 징계 기준의 사전 고지
- 청문 절차와 소명 기회 보장
- 판정 이후 이의제기와 재심 절차의 보장

④ **사법적 구제(법적 소송)**

분쟁이 중재나 조정을 통해 해결되지 않을 경우 법원의 판결로 귀결된다. 스포츠윤리적 기준은 법적 절차와도 조화를 이루어야 하며, 스포츠 특성을 고려한 배려가 필요하다.

4) 스포츠윤리 기준이 필요한 주요 분쟁 사례

① 도핑 및 승부조작 사건

- 공정 경쟁 원칙에 대한 명백한 위반으로, WADA 및 스포츠 중재 재판소의 엄격한 규제를 받는다.
- 적발 이후 조사 과정의 투명성, 피의자의 방어권 보장, 징계 절차의 공정성 확보가 중요하다.

② 성폭력 및 인권 침해 사건

- 피해자의 권리 보호가 우선시되어야 하며, 2차 피해 방지와 심리적 지원이 필수적이다.
- 가해자와 피해자의 분리 조치, 익명성 보장, 신속한 대응이 필요하다.

③ 선수 계약 분쟁 및 소속권 갈등

- 계약의 공정성, 선수 권리 보호, 국제 기준 준수가 요구된다.
- 특히 청소년 선수의 권익 보호와 에이전트의 역할에 대한 윤리적 기준이 강화되고 있다.

5) 국제 기준과 국내 대응

① 국제 기준

- 스포츠 중재 재판소(CAS): 국제 스포츠 분쟁 해결을 위한 최상위 기구
- IOC, FIFA, WADA의 윤리 강령 및 분쟁 처리 절차
- 유네스코 국제스포츠반도핑협약과 국제 인권 기준 반영

② 한국의 대응

- 스포츠윤리센터를 통한 독립적 조사 및 징계 절차
- 체육단체의 공정위원회와 스포츠공정위원회 설치
- 청소년 체육인권 보호와 스포츠 폭력 근절 정책 시행
- 스포츠 중재 및 조정 전문 인력 양성, 법적 지원 강화

결론

스포츠 분쟁 해결 과정에서 윤리적 기준은 공정성, 투명성, 인권 보호를 보장하며, 스포츠가 지닌 사회적 신뢰와 가치를 유지하는 핵심 요소다. 스포츠 분쟁은 법적 절차만으로는 해결하기 어려운 윤리적 가치의 충돌을 내포하고 있기에, 윤리 원칙에 입각한 해결 방식이 필요하다. 앞으로도 스포츠 분쟁 해결 시스템은 더욱 체계화되고, 국제적 기준에 부합하는 윤리적 기준을 강화해 나가야 한다.

5. 페어플레이 관련 국내외 사례

페어플레이(Fair Play)는 스포츠윤리의 핵심 가치로, 규칙 준수와 더불어 상대방에 대한 존중과 배려, 그리고 공정성을 실천하는 태도를 말한다. 이러한 정신은 스포츠의 본질을 유지하고, 경기의 결과가 아닌 과정에 대한 의미를 강조하는 데 중요하다. 실제 스포츠 현장에서는 다양한 페어플레이 사례가 있으며, 이는 선수와 지도자, 심판 그리고 팬들에게 강한 윤리적 메시지를 전달한다. 다음은 국내외에서 주목받았던 대표적인 페어플레이 사례들이다.

1) 해외 페어플레이 사례

① 파올로 디 카니오(이탈리아) - 스포츠맨십의 아이콘

2001년 12월, 잉글랜드 프리미어리그 웨스트햄과 에버튼의 경기에서 디 카니오(웨스트햄 소속)는 골키퍼가 부상으로 쓰러진 상황에서도 득점 기회를 포기하고 경기를 중단시켰다. 상대 골키퍼가 쓰러져 있지만 심판은 경기를 계속 진행시키고 있었고, 이때 디 카니오는 공을 손으로 잡아 경기를 멈췄다. 이 행동은 승리보다 인간의 존엄과 스포츠맨십을 우선시한 대표적인 페어플레이 사례로 전 세계 언론의 찬사를 받았으며, FIFA로부터 **페어플레이 상**을 수상했다.

② 사라아타르 - 희생정신이 보여준 페어플레이

2012년 런던 올림픽 육상 여자 5000m 경기에서 뉴질랜드의 니키 햄블린과 미국의 애비 다가스티노는 경주 도중 충돌해 넘어졌다. 이후 다가스티노가 부상을 당해 더 이상 달릴 수 없는 상태에 놓였을 때, 햄블린은 자신의 기록을 포기하고 다가스티노를 부축해 함께 결승선을 통과했다. 이들의 행동은 경기 결과와 무관하게 스포츠가 보여줄 수 있는 최상의 인간애와 페어플레이 정신을 상징하는 사례로 남았다.

③ 하비에르 아델마르 소사(파라과이) - 자책골을 인정한 사례

파라과이 프로축구리그에서 하비에르 소사는 상대팀 선수의 슈팅이 골대를 맞고 나온 후 혼란한 상황에서 자신의 손에 공이 맞아 골로 이어진 것을 심판이 보지 못하자 스스로 자책골을 인정했다. 소사의 양심적 행동은 상대팀의 득점을 인정한 드문 사례로, 경기를 보는 이들에게 스포츠윤리의 중요성을 일깨웠다.

2) 국내 페어플레이 사례

① 박지성 - 페어플레이 정신을 보여준 대한민국 대표

2002년 한일 월드컵에서 대한민국 대표팀의 박지성 선수는 상대팀과의 경기에서 계속되는 접촉과 불리한 판정에도 불구하고 상대 선수와 심판에 대한 예의를 잃지 않았다. 박지성은 경기 내내 거친 파울이나 항의 없이 정정당당하게 플레이했으며, 월드컵 이후에도 "상대에 대한 존중이 승부보다 중요하다"는 발언으로 한국 스포츠윤리의 아이콘이 되었다.

② 이대호 - 타격 후 상대 투수의 안위를 먼저 확인

2010년 일본 프로야구 오릭스 시절, 이대호 선수는 상대 투수의 실투를 강하게 타격하여 타구가 투수에게 직격했다. 그 상황에서도 이대호는 1루로 달리는 대신 투수의 상태를 먼저 확인하러 달려갔다. 이 행동은 팬들과 언론의 찬사를 받았고, 스포츠에서 승패보다 인간 존중과 배려가 더 중요하다는 것을 보여준 사례로 널리 알려졌다.

③ 장미란 - 라이벌 선수의 손을 잡아준 감동적인 장면

2008년 베이징 올림픽 역도 경기에서 장미란은 자신의 라이벌이자 은메달리스트인 나디아 예브스타티예바(러시아)가 시상대에서 눈물을 흘리자 다가가 손을 잡고 격려했다. 라이벌이었지만 상대를 향한 존중과 배려를 잊지 않은 이 장면은 스포츠맨십과 페어플레이 정신의 상징적인 사례로 회자되고 있다.

3) 페어플레이가 스포츠에 미치는 영향

페어플레이 사례는 스포츠 경기뿐만 아니라 사회 전반에 긍정적인 영향을 미친다. 스포츠를 통해 청소년과 사회 구성원들은 **정직성, 배려, 공정성**의 중요성을 배우고, 경쟁이 반드시 적대적일 필요가 없다는 것을 인식하게 된다.

① 스포츠 교육과 인성 함양

위 사례들은 스포츠가 단순한 경쟁이 아니라 상대를 존중하고 함께 성장하는 과정임을 보여주며, 이는 청소년과 미래 세대의 인성 교육에 중요한 교훈이 된다.

② 스포츠 신뢰 회복과 산업 발전

승부조작이나 도핑 스캔들 등으로 스포츠에 대한 신뢰가 흔들릴 때, 페어플레이 사례는 스포츠의 본질을 일깨우고, 팬과 사회의 신뢰를 회복하는 역할을 한다. 이는 스포츠 산업의 지속 가능한 성장과도 밀접하게 연결된다.

4) 국제적 페어플레이 운동과 제도적 노력

① 국제 페어플레이 위원회(CIFP)

1963년 설립된 국제 페어플레이 위원회는 매년 페어플레이상(International Fair Play Awards)을 시상하며, 전 세계적으로 페어플레이 정신을 장려하고 있다. 각국의 스포츠 단체들도 이에 참여하여 페어플레이를 스포츠윤리의 핵심으로 삼고 있다.

② FIFA 페어플레이 캠페인

FIFA는 모든 국제대회에서 페어플레이 배너와 캠페인을 진행하며, 선수와 관중들에게 스포츠맨십의 가치를 상기시키고 있다. 페어플레이를 실천한 국가나 팀에게는 특별한 상을 수여하며, FIFA의 윤리 강령에도 페어플레이 정신이 명시되어 있다.

결론

페어플레이는 스포츠의 근본이자, 인간 존엄성과 윤리를 실현하는 구체적인 방법이다. 국내외 다양한 사례들은 스포츠가 단순히 승리를 위한 경쟁이 아닌, 인간적 가치와 도덕적 기준을 지키는 공간임을 증명하고 있다. 앞으로도 스포츠 현장과 사회 전반에서 페어플레이 정신이 확산되어야 하며, 이를 위해 제도적 지원과 교육이 지속적으로 강화되어야 한다.

2부. 현대 스포츠와 윤리적 쟁점

현대 스포츠와 윤리적 쟁점

제3장. 도핑과 약물 남용

1. 도핑의 정의와 유형

1) 도핑의 정의

도핑(Doping)은 운동선수가 경기력 향상을 목적으로 금지된 약물이나 방법을 사용하는 것을 말한다. 국제올림픽위원회(IOC), 세계반도핑기구(WADA, World Anti-Doping Agency) 및 유네스코 국제스포츠반도핑협약에서는 도핑을 "경기에서 부당한 이점을 얻기 위해 금지된 약물이나 방법을 고의적으로 사용하거나 사용을 시도하는 행위"로 규정하고 있다.

WADA는 매년 금지 약물 목록을 발표하고 있으며, 이 목록에 포함된 약물을 선수의 혈액이나 소변에서 검출하거나, 해당 약물을 사용한 사실이 밝혀질 경우 도핑으로 간주된다. 도핑은 스포츠의 공정성을 훼손할 뿐만 아니라, 선수의 건강을 심각하게 위협하는 행위로 평가된다.

국제 스포츠 규정에서는 도핑을 단순히 약물 복용에 국한하지 않고, 선수뿐 아니라 지도자, 팀 닥터, 관계자들의 도핑 행위 조장이나 방조, 은폐 등도 모두 도핑 위반 행위로 간주한다. 이는 도핑이 선수 개인의 일탈이 아닌, 구조적·조직적 문제일 수 있음을 인정하는 것이다.

2) 도핑의 윤리적 문제

도핑은 스포츠의 공정성(Fairness)을 심각하게 훼손하며, '정정당당한 경쟁'이라는 스포츠의 기본 원칙을 무너뜨린다. 또한, 약물의 오용으로 인해 선수 개인의 **신체적·정신적 건강에 심각한 위협**을 가하며, 경우에 따라 돌이킬 수 없는 생명 위험까지 초래할 수 있다.

도핑은 경쟁 상대에 대한 **비윤리적 행위**일 뿐만 아니라, 스포츠에 대한 관중과 사회의 **신뢰를 저해**하고, 스포츠 산업 전체의 투명성과 정당성을 위협하는 심각한 윤리적 쟁점으로 평가된다.

3) 도핑의 유형

도핑은 사용되는 **약물의 종류**와 **방법**에 따라 여러 유형으로 나눌 수 있으며, 각각의 유형은 선수의 신체 기능을 인위적으로 향상시키거나 특정 조건을 조작하는 방식으로 이루어진다.

① 약물 도핑 (Pharmacological Doping)

- **흥분제(스티뮬런트, Stimulants)**
  집중력과 반응 속도를 증가시키고 피로를 줄이는 약물이다. 에페드린, 암페타민 등이 포함된다. 과도한 사용은 심박수 증가, 혈압 상승, 불안증을 유발한다.

- **스테로이드(Anabolic Steroids)**
  근육량과 근력을 증가시켜 체력과 경기력을 향상시키는 약물이다. 장기간 복용 시 간 손상, 호르몬 불균형, 심혈관 질환 등이 발생한다.

- **호르몬제 (Hormones)**
  성장호르몬(Human Growth Hormone, HGH), 에리스로포이에틴(EPO) 등이 대표적이다. EPO는 적혈구 생성을 촉진하여 지구력을 증가시키지만, 혈액 농도를 높여 혈전과 심장마비 위험을 증가시킨다.

- **이뇨제(Diuretics)**
  체내 수분과 나트륨을 배출하여 체중을 급격히 감량하거나, 도핑 검사에서 금지 약물의 농도를 희석하는 데 사용된다. 부작용으로 탈수, 전해질 불균형이 있다.

- **진통제 및 마약성 진통제 (Narcotics and Analgesics)**
  통증을 억제하여 부상 상태에서도 경기를 계속하게 하지만, 통증에 대한 경고 신호를 무시하게 하여 장기적인 신체 손상을 유발할 수 있다.

② 유전자 도핑 (Gene Doping)

WADA가 2003년부터 금지한 도핑 방식으로, 유전자 조작을 통해 신체 능력을 인위적으로 향상시키는 방법이다. 특정 유전자를 삽입하거나 조작하여 근육 성장, 산소 이용 능력 등을 극대화한다. 아직 상용화된 사례는 드물지만, 미래 스포츠윤리의 핵심 쟁점으로 주목받고 있다.

유전자 도핑은 탐지가 어렵고 인체에 미치는 위험이 크기 때문에, 스포츠의 공정성뿐 아니라 생명 윤리 차원의 논쟁을 불러일으키고 있다.

③ 기계적·물리적 도핑 (Mechanical or Physical Doping)

- **혈액 도핑 (Blood Doping)**
  자신의 혈액을 미리 저장한 후 경기 직전에 재주입하거나, 타인의 혈액이나 합성 적혈구를 주입하여 혈액 내 산소 운반 능력을 증가시키는 방법이다. 지구력을 향상시키지만 혈액 점도가 증가해 혈전증, 심장마비 위험이 따른다.

- **기계적 도핑 (Mechanical Doping)**
  자전거 경기 등에서 미세한 모터를 장착하여 속도를 인위적으로 높이는 기술을 사용하는 사례가 적발되었다. 이는 기계와 기술을 이용한 새로운 형태의 부정행위로, 심각한 스포츠윤리 위반이다.

4) 도핑 관련 주요 사례

- **러시아 국가 주도 도핑 스캔들(2015)**
  러시아 정부가 조직적으로 도핑을 지원하고 검사 조작을 주도한 사건으로, WADA의 조사 결과 사실로 밝혀졌다. 이로 인해 러시아 선수단은 여러 국제 대회에서 참가 금지 및 중립국 소속으로 참가해야 했다.

- **랜스 암스트롱(미국)**
  투르 드 프랑스에서 7회 연속 우승했던 사이클 선수였으나, EPO와 혈액 도핑을 포함한 조직적인 도핑이 밝혀져 모든 타이틀이 박탈되었다.

- **벤 존슨(캐나다)**
  1988년 서울 올림픽 100m 경기에서 세계 신기록을 세우며 금메달을 차지했지만, 경기 후 스테로이드 검출로 메달이 박탈되었다. 이 사건은 도핑 문제가 국제 스포츠에 던진 충격의 대표적인 사례로 기록된다.

결론

도핑은 스포츠윤리의 가장 심각한 도전 과제 중 하나다. 도핑은 선수 개인의 도덕성 문제를 넘어, 스포츠 조직의 투명성과 책임, 그리고 국가적 차원의 관리 시스템과도 밀접하게 관련되어 있다. 도핑 문제를 근절하기 위해서는 지속적인 도핑 검사 강화, 윤리 교육 확대, 그리고 국제적 협력 체계 강화가 필수적이다.

도핑 없는 스포츠는 공정성과 정의를 실현하고, 스포츠가 지닌 순수성과 감동을 유지할 수 있는 유일한 방법이다. 스포츠윤리의 핵심 가치인 정직성과 공정성을 지키기 위해, 선수와 관계자 모두의 인식 개선과 강력한 대응이 요구된다.

2. 도핑의 역사적 배경

도핑(Doping)은 스포츠 역사와 함께 시작되었으며, 시간이 지남에 따라 그 방법과 종류가 다양해지고 복잡해졌다. 초기에는 단순히 체력과 정신력을 강화하기 위한 자연적 보조 수단에서 출발했으나, 현대에 이르러 첨단 과학 기술과 의학이 결합하면서 윤리적, 법적, 사회적 논쟁의 중심에 서게 되었다. 도핑의 역사는 스포츠 발전의 이면에서 공정성과 인간 존엄성이라는 가치를 위협해온 과정이라 할 수 있다.

1) 도핑의 어원과 초기 사례

① 어원

'도핑(Doping)'이라는 용어는 19세기 남아프리카에서 기원을 찾을 수 있다. 원래는 남아프리카의 원주민들이 사냥이나 전투 시 기운을 북돋기 위해 사용한 도프(dop)라는 강장 음료에서 유래하였다. 이후 이 용어는 경마에서 말의 경기력을 인위적으로 향상시키기 위해 약물을 사용하는 것을 뜻하게 되었고, 점차 인간 스포츠에서도 사용되기 시작했다.

② 고대 스포츠에서의 도핑

고대 그리스 올림픽 경기에서는 선수들이 경기력 향상을 위해 다양한 음료나 약초를 섭취했다는 기록이 있다. 당시 선수들은 경기에서 승리하는 것이 명예와 부를 동시에 보장해 주었기 때문에 경쟁이 치열했으며, 이를 위해 '에너지 증강'을 위한 자연 약물을 복용했다는 것이다. 고대 로마 시대에는 전차 경주나 검투사들이 흥분제와 스테로이드 유사 물질을 복용하기도 했다.

2) 근대 스포츠와 도핑의 발전

① 산업혁명과 약학의 발전

19세기 말부터 산업혁명과 함께 의학과 약학이 발전하면서, 경기력을 높이기 위해 과학적으로 제조된 약물이 사용되기 시작했다. 특히 1880년대에는 코카인과 카페인이 조합된 흥분제가 선수들 사이에서 널리 사용되었고, 자전거 경주, 마라톤, 복싱 등 지구력이 요구되는 종목에서 각성제 사용이 일반화되었다.

② 20세기 초반과 경기력 향상 약물의 확산

1904년 세인트루이스 올림픽에서는 미국 마라톤 선수 토머스 힉스가 스트리크닌(Strychnine)과 브랜디를 복용하고 경기에 참가해 우승했지만, 이후 심각한 후유증을 겪었다는 보고가 있다. 당시에는 도핑에 대한 규제가 거의 없었고, 선수와 코치들 사이에서 '경기력 향상 수단'으로 인식되었다.

③ 아나볼릭 스테로이드의 등장

1930년대 독일에서 아나볼릭 스테로이드(Anabolic Steroids)가 개발되었고, 1950년대에 들어서면서 소련과 동독 등 동구권 국가들이 체계적으로 이를 스포츠에 도입했다. 특히 역도, 육상 등 근력 강화가 중요한 종목에서 스테로이드 사용이 급속도로 확산되었으며, 이 시기는 국가 차원의 도핑 프로그램이 본격화되는 전환점이 되었다.

3) 도핑 규제의 시작과 발전

① 도핑 사망 사고와 경각심 확산

1960년 로마 올림픽에서는 덴마크 사이클리스트 크누트 옌센이 경기 중 암페타민을 복용한 후 사망하는 사건이 발생했다. 이는 국제 스포츠계에 도핑의 위험성을 알리는 계기가 되었으며, 스포츠에서 약물 남용을 막기 위한 논의가 본격적으로 시작됐다.

1967년에는 영국의 자전거 선수 톰 심슨이 투르 드 프랑스 경기 중 흥분제 과다 복용으로 사망한 사건이 발생했다. 이 사건은 국제올림픽위원회(IOC)와 국제경기연맹(IF)의 도핑 방지 규정을 마련하는 결정적인 계기가 되었다.

② IOC 도핑 테스트 도입

1968년 그레노블 동계올림픽과 멕시코시티 하계올림픽에서 처음으로 공식적인 도핑 테스트가 시행되었다. 초기 검사는 단순한 흥분제와 마약성 진통제에 국한되었지만, 이후 검사 기술의 발전과 함께 금지 약물의 범위가 확대되었다.

4) 현대 스포츠와 도핑 스캔들

① 1988 서울 올림픽 벤 존슨 사건

1988년 서울 올림픽 남자 100m 결승에서 캐나다의 벤 존슨이 세계 신기록을 세우며 금메달을 획득했지만, 경기 후 실시된 도핑 테스트에서 스테로이드(스타노졸롤)가 검출되어 금메달이 박탈되었다. 이 사건은 도핑 문제가 세계 스포츠계에서 얼마나 심각한 문제인지를 여실히 보여준 대표적인 사례로 기록된다.

② 동독의 국가 주도 도핑 프로그램

1970~1980년대 동독은 국가 차원의 도핑 시스템을 구축해 선수들에게 조직적으로 스테로이드를 투여했다. 당시 10대 선수들도 강제로 도핑 프로그램에 참여시켰으며, 이후 건강 악화와 부작용에 시달리게 되었다. 동독 해체 이후 이 프로그램의 실체가 밝혀지면서 국제사회는 더욱 강력한 도핑 방지 시스템 마련을 요구하게 되었다.

③ 랜스 암스트롱 도핑 스캔들

미국의 사이클 선수 랜스 암스트롱은 투르 드 프랑스에서 7연패라는 위업을 달성했으나, 2012년 WADA와 미국반도핑기구(USADA)의 조사를 통해 EPO, 혈액 도핑, 스테로이드 등 복합적인 도핑이 밝혀지면서 모든 타이틀이 박탈되었다. 이 사건은 현대 스포츠에서 도핑과의 전쟁이 얼마나 치열한지를 보여준 대표 사례다.

④ 러시아 국가 주도 도핑 스캔들(2015)

2015년 WADA가 발표한 보고서에 따르면, 러시아 정부와 스포츠 기관이 조직적으로 도핑을 지원하고 검사 결과를 조작한 사실이 드러났다. 이로 인해 러시아 선수단은 국제대회에서 참가가 제한되거나 중립국 소속으로 출전해야 했다. 이 사건은 도핑이 개인 차원이 아닌 국가 시스템 차원의 윤리적 문제임을 보여줬다.

5) 현대 도핑 대응의 발전과 과제

① WADA의 설립과 세계반도핑규약(World Anti-Doping Code)

1999년 국제올림픽위원회(IOC)는 프랑스 로잔에서 열린 세계반도핑회의를 통해 세계반도핑기구(WADA)를 설립했다. WADA는 금지 약물 목록을 제정하고, 세계반도핑규약을 마련하여 모든 스포츠 조직과 국가가 이를 준수하도록 하고 있다.

② 최신 검사 기술의 발전

- 생체 여권 시스템(Athlete Biological Passport, ABP)
  선수의 생리학적 데이터를 장기적으로 추적하여 도핑 여부를 간접적으로 탐지하는 방법이다.

- 유전자 도핑 탐지 기술 개발
  유전자 조작 기술을 이용한 도핑은 기존 검사로는 확인이 어렵지만, 현재 국제 스포츠계는 이에 대응하기 위한 첨단 분석법을 개발 중이다.

결론

도핑의 역사는 스포츠 발전의 어두운 그림자와 같다. 초기에는 단순한 경쟁 우위를 위한 방법이었지만, 현대에 이르러 도핑은 인간의 건강과 스포츠윤리를 위협하는 심각한 문제로 인식되고 있다. 앞으로도 국제 스포츠계는 도핑 방지 시스템을 더욱 강화하고, 스포츠의 공정성과 신뢰를 회복하기 위한 노력을 지속해야 한다.

도핑 근절은 단순한 규제 차원을 넘어, 스포츠가 인간성의 가치를 구현하고 전 세계가 신뢰할 수 있는 공정한 장으로 자리매김하기 위한 필수적인 과제다.

3. 도핑 방지를 위한 국제적 노력과 법적 규제

도핑은 스포츠의 공정성과 신뢰성을 위협하는 중대한 윤리적 문제로, 이에 대한 국제 사회의 대응은 오랜 시간에 걸쳐 강화되어 왔다. 세계 각국과 국제 스포츠 기구들은 도핑 근절을 위한 법적·제도적 규제를 마련하고 있으며, 특히 선수 보호와 스포츠의 본질적 가치를 지키기 위한 국제 협력이 점점 더 중요해지고 있다.

1) 국제 스포츠 기구의 도핑 방지 노력

① 세계반도핑기구(WADA, World Anti-Doping Agency)

WADA는 1999년 설립된 도핑 방지를 위한 세계적인 비정부기구로, 도핑과의 싸움에서 가장 중심적인 역할을 하고 있다. IOC(국제올림픽위원회)와 각국 정부가 협력하여 설립하였으며, 공정한 스포츠 환경을 구축하는 것을 목표로 한다.

- **세계반도핑규약(World Anti-Doping Code)**
  WADA는 모든 스포츠 단체와 국가가 준수해야 할 도핑 방지 기준을 제시하는 세계반도핑규약을 제정했다. 이 규약은 2004년부터 시행되어, 현재까지 지속적으로 개정되고 있다.
  주요 내용은 금지 약물 목록 작성, 도핑 검사 절차 표준화, 도핑 적발 시 제재 기준, 선수 권리 보호, 교육 프로그램 운영 등을 포함하고 있다.

- **금지 약물 및 방법 목록(Prohibited List)**
  WADA는 매년 금지 약물과 금지 방법 목록을 갱신하고 발표한다. 이는 과학적 근거와 전문가 자문을 바탕으로 하며, 경기력 향상, 건강 위협, 스포츠 정신 위배라는 세 가지 기준에 부합하는 약물과 방법이 포함된다.

- **도핑 테스트 및 생체 여권 프로그램(Athlete Biological Passport, ABP)**
  WADA는 혈액과 소변 검사를 기본으로 하며, 선수의 생리학적 수치를 장기적으로 추적하여 이상 징후를 탐지하는 생체 여권 프로그램을 운영한다. 이를 통해 기존 도핑 검사의 한계를 보완하고 있다.

② IOC와 도핑 방지

IOC는 올림픽 경기에서 도핑 근절을 위해 강력한 대응을 하고 있으며, 올림픽 기간 동안 WADA와 협력하여 엄격한 도핑 검사를 실시한다. 올림픽 헌장은 도핑 금지를 명문화하고 있으며, 도핑 위반 선수는 출전 자격 박탈, 메달 박탈 등 중징계를 받는다.

- **2016년 리우 올림픽 이후 검사 강화**

리우 올림픽 이후에는 도핑 검사가 더욱 강화되었고, 러시아의 국가 주도 도핑 사건 이후 모든 참가국에 대해 철저한 검사가 이루어졌다.

2) 국제법과 협약을 통한 도핑 규제

① 유네스코 국제스포츠반도핑협약(UNESCO International Convention against Doping in Sport)

2005년 유네스코가 채택한 이 협약은 WADA 규약을 국제법으로 승격시켜, 국가 차원의 도핑 방지 정책을 의무화하고 있다.

한국을 포함한 190여 개국이 이 협약을 비준하여 자국 내 도핑 방지 법령을 마련하고 있다.

주요 내용
- 금지 약물 유통 방지
- 청소년 대상 도핑 예방 교육 강화
- 도핑 검사 인프라 지원 및 국제 협력 증진
- 도핑 방지 관련 연구 지원

② 유럽평의회 반도핑협약(1990)

유럽평의회는 1990년 반도핑협약을 통해 회원국 간 법적 협력을 강화하고 있다. 이 협약은 국가 간 정보 공유, 도핑 물질의 생산 및 유통에 대한 규제, 스포츠 단체와 정부 간 협력을 촉진하고 있다.

3) 국가별 도핑 방지법과 제도

① 한국의 도핑 방지 정책

한국은 2007년 유네스코 국제스포츠반도핑협약을 비준하였고, 국민체육진흥법과 도핑 방지 규정을 통해 도핑을 강력히 규제하고 있다.

- **KADA (한국도핑방지위원회)**

  KADA는 WADA의 규정을 준수하여 국내 도핑 검사를 담당하고 있으며, 국제 대회 참가 선수에 대한 사전 검사 및 도핑 예방 교육을 실시하고 있다.

- **국민체육진흥법**

  도핑 금지와 관련하여 처벌 규정이 포함되어 있으며, 도핑 적발 시 선수 및 관계자에게 징계와 법적 처벌이 가해진다.

② 미국의 도핑 방지법 (Rodchenkov Anti-Doping Act, 2020)

이 법은 외국의 도핑 스캔들에 미국 정부가 형사적으로 개입할 수 있도록 하는 법이다. 특히 러시아 도핑 스캔들 이후 제정되었으며, 국제 스포츠 대회에서의 도핑 부정행위에 대해 최대 10년의 징역형과 막대한 벌금을 부과할 수 있다.

4) 도핑 방지를 위한 교육과 예방 노력

① 교육 프로그램의 강화

WADA와 각국 도핑 방지기구는 선수와 코치, 의료진을 대상으로 정기적인 도핑 예방 교육을 실시하고 있다.

청소년과 아마추어 선수에게 도핑 위험성을 알리고, 도핑 없는 스포츠 환경을 조성하는 캠페인이 활발히 진행 중이다.

② 문화 개선과 윤리 의식 함양

도핑을 단순한 규칙 위반이 아닌, 스포츠윤리에 반하는 행위로 인식시키기 위해 스포츠맨십과 페어플레이 정신을 강조하는 교육이 이루어지고 있다.

선수 본인의 건강 보호, 팀과 국가의 명예 수호, 공정한 경쟁의 중요성을 지속적으로 강조하고 있다.

5) 도핑 방지 정책의 과제와 전망

① 기술 발전에 따른 새로운 도핑 형태 대응

유전자 도핑과 나노 기술을 이용한 약물 전달 시스템 등 기존 검사로는 적발이 어려운 새로운 도핑 방식에 대한 연구와 대응 체계 강화가 필요하다.

② 도핑 검사와 인권 보호의 균형

도핑 검사 과정에서 선수의 인권이 침해되지 않도록 절차적 정의와 투명성을 확보해야 한다. 검사 과정의 공정성 보장과 개인정보 보호가 요구된다.

③ 국가 간 협력과 법적 강제력 확대

도핑은 국가 간 문제로 확산될 수 있기 때문에, 국제적 협력이 필수적이다. 공조 수사, 데이터 공유, 법적 제재의 강화가 앞으로도 주요 과제가 될 것이다.

결론

　도핑 방지는 공정한 경쟁과 스포츠윤리를 지키기 위한 국제 사회의 공동 과제이다. WADA와 유네스코 등 국제 기구를 중심으로 법적·제도적 규제가 강화되고 있으며, 국가별 정책과 교육이 병행되고 있다. 앞으로도 기술 발전에 대응한 검출 시스템 개선과 인권 중심의 예방 정책이 지속적으로 발전해야 하며, 도핑 없는 스포츠 문화 정착이 필요하다.

제4장. 스포츠와 공정성의 원칙

1. 스포츠에서의 성 평등과 역사

스포츠는 오랜 시간 동안 남성 중심의 활동으로 인식되어 왔으며, 여성은 스포츠 참여에서 배제되거나 제한적인 기회를 가질 수밖에 없었다. 그러나 시간이 흐르면서 여성의 스포츠 참여 확대와 성평등 실현을 위한 다양한 사회적 운동과 제도적 변화가 이루어졌다. 그럼에도 불구하고 여전히 많은 스포츠 분야에서 성차별과 불평등이 존재하고 있으며, 성평등은 스포츠 공정성을 논의할 때 반드시 다뤄야 할 핵심 주제다.

1) 스포츠에서 성평등이란 무엇인가?

스포츠에서 성평등(Gender Equality in Sports)은 모든 성별이 스포츠 활동에 있어 동등한 권리와 기회를 보장받고 차별 없이 참여할 수 있도록 하는 것을 의미한다. 성평등은 단순히 여성의 스포츠 참여를 허용하는 것을 넘어서, 스포츠 구조 전반에서 남성과 여성이 평등하게 인정받고 공정하게 대우받는 것을 목표로 한다.

성평등은 스포츠 참여뿐만 아니라 다음과 같은 분야에서 실현되어야 한다.

- **경기 참여 기회와 팀 구성**
- **훈련 및 시설 이용권**
- **보상과 연봉, 상금 지급**
- **언론 노출 및 스폰서십**
- **지도자, 심판, 행정가로서의 참여 기회**
- **성폭력과 차별로부터의 보호**

스포츠에서 성평등은 단지 인권의 문제를 넘어, 스포츠의 본질인 공정성(Fairness)과 정의(Justice) 실현하는 핵심 원칙으로 간주된다.

2) 스포츠에서 여성 차별의 역사적 배경

① 고대 사회와 초기 스포츠

고대 올림픽 경기(기원전 776년 시작)는 남성만 참가할 수 있었으며, 여성은 관람조차 금지되었다. 여성 전용 경기로는 '헤라 축제'라는 소규모 경기가 있었지만, 여성은 대부분 스포츠 활동에서 배제되었다.

로마 시대 역시 검투사나 경마 같은 스포츠가 남성 중심으로 이루어졌으며, 여성의 신체활동은 가정 내 건강 유지 정도로만 제한되었다.

② 근대 스포츠와 여성의 배제

19세기 산업혁명 이후 근대 스포츠가 발전하면서 스포츠는 국가주의, 군사주의와 결합하여 남성성(Masculinity)의 상징이 되었다. 스포츠는 남성의 체력과 전투력을 강화하는 수단으로 간주되었고, 여성은 신체적 약자 또는 보호받아야 할 존재로 여겨졌다.

- **피에르 드 쿠베르탱(근대 올림픽 창시자)는** "여성의 스포츠 참여는 올림픽 정신에 어울리지 않는다"는 입장을 보이며 여성 스포츠 참여를 공개적으로 반대했다.

③ 여성 스포츠의 등장과 제한적 참여

- 1900년 파리 올림픽에서 처음으로 여성 선수가 테니스와 골프 종목에 참가했으나, 전체 선수의 2%에 불과했다.
- 이후에도 여성의 참여는 제한적이었고, 특히 육체적 위험성이 높다고 평가받던 경기(복싱, 레슬링 등)는 오랜 기간 여성 참여가 금지되었다.

3) 스포츠에서 성평등 운동과 제도 변화

① 페미니즘 운동과 여성 스포츠 권리 확대

1970년대 페미니즘 운동이 확산되면서 여성 스포츠 권리도 중요한 사회적 의제로 등장했다. 여성 스포츠인들은 남성과 동등한 참여와 대우를 요구하며 행동에 나섰고, 이에 따라 각종 제도 개선이 이루어졌다.

② 미국의 타이틀 IX(Title IX) 법안

1972년 미국에서 제정된 타이틀 IX(Title IX)는 연방 재정을 지원받는 교육기관에서 성별에 따른 차별을 금지하는 법률이다.

이 법은 스포츠 분야에서 획기적인 변화를 불러왔으며, 여성의 스포츠 참여율을 비약적으로 증가시켰다.

타이틀 IX는 여성 선수들의 장학금 확대, 팀 창설, 훈련 시설 제공 등 실질적인 평등 실현의 법적 근거가 되었다.

③ 국제올림픽위원회(IOC)의 정책 변화

1991년부터 IOC는 올림픽 신규 종목에 여성 참가가 보장되지 않으면 채택하지 않는다는 정책을 도입했다.

2012년 런던 올림픽에서는 사상 처음으로 모든 국가가 여성 선수를 파견했으며, 여성 선수의 참가 비율이 약 44%에 달했다.

IOC는 이후 '젠더 평등'을 주요 정책으로 삼고 여성 지도자와 심판의 비율도 확대하고 있다.

4) 성 평등을 위한 국제적 노력과 주요 사례

① 유엔(UN)과 유네스코(UNESCO)의 역할

유엔과 유네스코는 스포츠 분야에서 성평등을 주요 인권 의제로 다루며, 다양한 지침과 행동 계획을 수립하고 있다.

- 스포츠에서의 여성 권익 증진 캠페인
- 여성 스포츠 인권 보호 및 차별 금지 선언
- 여성 스포츠 행정가와 지도자 양성 지원 프로그램

② FIFA와 국제 축구에서의 성평등 정책

FIFA는 여자 월드컵 개최와 상금 확대, 여성 지도자와 심판 비율 증가 정책을 펼치고 있다.

과거 남녀 간 극심한 상금 차이가 있었지만, 최근 지속적인 개선을 통해 격차를 줄이고 있다.

③ 일본의 여성 스포츠 운동

일본은 2020년 도쿄 올림픽을 계기로 여성 스포츠 참여 확대 정책을 시행했다. 여성 경기의 비율을 50% 이상으로 맞췄고, 여성 스포츠 행정가 양성에도 적극 나서고 있다.

5) 스포츠 성평등 실현의 과제와 전망

① 여전히 남아 있는 과제

임금과 상금 차별 문제: 여성 스포츠 선수는 동일한 경기력과 노력에도 불구하고 남성보다 낮은 보수를 받는 경우가 많다.

언론 노출 및 후원 격차: 남성 선수에 비해 여성 선수의 미디어 노출과 스폰서 계약이 적다.

성폭력과 성차별 문제: 여성 선수들은 여전히 코치와 관계자에 의한 성폭력 및 차별적 발언과 행동에 노출되는 경우가 있다.

② 향후 전망과 방향

- **젠더 인클루시브 정책 확대**

  스포츠 조직은 남성과 여성 모두가 공정하게 경쟁하고 관리하는 시스템을 갖춰야 하며, 비이분법적 성 인식을 반영한 정책이 요구된다.

- **여성 스포츠 인권 보호 강화**
  성폭력 예방과 피해자 보호 시스템 강화가 필수적이며, 이를 위한 국제 협약과 국내법 개정이 필요하다.

- **여성 스포츠 스타 육성과 미디어 지원 확대**
  여성 스포츠 활성화를 위해 스타 시스템을 구축하고 미디어 노출을 확대하여 사회 인식을 개선해야 한다.

결론

스포츠에서의 성평등은 단순히 여성의 참여 보장에 국한되지 않는다. 그것은 스포츠라는 경쟁과 협력의 장에서 모든 성별이 평등하게 존중받고, 인권이 보호되는 공정성을 실현하는 과정이다. 스포츠의 성평등은 인류 보편적 가치를 확장하고, 스포츠의 순수성과 감동을 지키는 필수 과제이다.

2. 젠더 인크루전과 트랜스젠더 선수 문제

1) 젠더 인클루전(Gender Inclusion)이란 무엇인가?

젠더 인클루전은 스포츠에서 모든 성별이 동등하게 참여하고 존중받을 권리를 보장하는 것을 의미한다. 이는 전통적인 이분법적 성 구분(남성/여성)을 넘어서, 트랜스젠더, 논바이너리(Non-binary), 젠더퀴어(Genderqueer) 등 다양한 성 정체성을 가진 사람들이 스포츠에 참여할 수 있도록 지원하고 배려하는 정책과 문화다.

젠더 인클루전은 스포츠의 포용성, 평등, 인권을 실현하는 핵심 가치로 강조되고 있으며, 이를 통해 스포츠가 **성별, 인종, 장애 여부와 관계없이 누구나 동등하게 즐기고 참여할 수 있는 공간**으로 자리 잡을 수 있도록 한다.

2) 트랜스젠더 선수 참여의 역사와 배경

트랜스젠더 선수의 스포츠 참여 문제는 2000년대 이후 인권과 다양성에 대한 관심이 높아지면서 본격적으로 논의되기 시작했다. 과거에는 성전환을 한 선수의 경기 참여가 거의 허용되지 않았지만, 국제 스포츠 기구들이 점차 트랜스젠더 선수의 참여를 위한 규정을 마련하면서 이들의 출전이 가능해졌다.

① IOC의 트랜스젠더 선수 가이드라인

2003년 IOC는 트랜스젠더 선수의 경기 참여에 대한 첫 번째 가이드라인을 제정했다. 해당 규정은 선수의 성전환 수술 완료, 호르몬 치료 2년 이상, 법적 성별 변경을 조건으로 경기 참여를 허용했다.

2015년에는 이 기준이 완화되어 **호르몬 치료 기준**만 충족하면 트랜스젠더 여성(남성에서 여성으로 전환)의 경우 테스트스테론 수치를 기준치 이하로 유지할 것을 요구하고, 수술 여부와 법적 성별 변경은 요구하지 않게 되었다.

② 주요 사례

- **로렐 허버드(Laurel Hubbard)**
  뉴질랜드 역도 선수로, 트랜스젠더 여성 최초로 2021년 도쿄 올림픽에 출전했다. 허버드의 출전은 트랜스젠더 선수의 스포츠 참여에 대한 세계적인 논쟁을 촉발시켰다.

- **캐스터 세메냐(Caster Semenya)**
  트랜스젠더가 아닌 성발달이상(DSD) 선수지만, 생물학적 특성이 논란이 되어 성별에 따른 스포츠 참여와 관련된 윤리 및 과학적 논쟁에 중심이 된 사례로 꼽힌다.

3) 트랜스젠더 선수 참여에 대한 윤리적·과학적 쟁점

트랜스젠더 선수의 참여 문제는 공정성(Fairness)과 포용성(Inclusion), 그리고 인권 보호라는 가치를 두고 복잡한 논쟁이 이어지고 있다.

① 공정성 논쟁

트랜스젠더 여성이(남성에서 여성으로 전환한 경우) 생물학적으로 평균적으로 높은 근력, 골밀도, 심폐 기능을 보유할 가능성이 있으며, 이는 생물학적 여성 선수와의 경쟁에서 경기력 차이로 이어질 수 있다는 비판이 있다.

반대 입장에서는 테스트스테론 수치 관리와 호르몬 치료로 인해 생리학적 이점이 상쇄될 수 있으며, 이를 지나치게 강조하는 것은 편견을 조장한다고 주장한다.

② 인권과 포용성 문제

트랜스젠더 선수의 스포츠 참여를 제한하는 것은 **성 정체성에 대한 차별**이며, 스포츠 참여의 권리를 침해하는 것이라는 인권적 비판이 있다.

스포츠는 인간의 기본권으로 누구에게나 열려 있어야 하며, 트랜스젠더 선수도 자신의 정체성에 따라 참여할 권리를 보장받아야 한다는 주장이다.

③ 여성 스포츠 보호론

일부에서는 트랜스젠더 여성 선수의 참여가 **여성 스포츠의 경쟁 공정성을 침해하고, 여성 선수들의 기회를 박탈할 수 있다**는 입장을 취한다.

특히 엘리트 스포츠에서 성전환 이전의 신체적 특성이 경기력에 영향을 미칠 가능성을 우려하여, 여성 스포츠 보호와 트랜스젠더 포용 사이의 균형점을 찾으려는 노력이 계속되고 있다.

4) 국제 스포츠 기구의 대응과 정책 변화

① IOC(국제올림픽위원회)

2021년 **IOC 프레임워크**발표: 트랜스젠더 선수와 성발달이상(DSD) 선수를 포함한 다양성 수용을 목표로 하되, 각 스포츠 연맹이 자율적으로 기준을 정하도록 권고했다.

성별에 따른 참여 기준은 스포츠 종목별 특성과 과학적 근거에 기반하여 결정해야 하며, 인권 존중과 차별 금지를 기본 원칙으로 삼고 있다.

② FIFA

트랜스젠더 선수 참여 규정을 개정 중이며, 여성 축구에서 트랜스젠더 선수의 참여 조건을 재검토하고 있다.

현재는 **테스토스테론 수치 기준**과 함께 선수 개별 상황을 고려해 판단하는 방식이다.

③ 수영연맹(FINA, 현 World Aquatics)

2022년 **트랜스젠더 여성의 엘리트 경기 출전 금지**를 결정했다. 생물학적 여성 선수 보호를 위해, 남성으로 성 발달이 시작되기 전에 성전환을 완료한 경우에만 여성 경기 출전을 허용하는 기준을 채택했다.

④ 육상연맹(World Athletics)

2023년부터 **트랜스젠더 여성 선수의 여성부 경기 출전 금지**를 결정했다. 이는 공정성을 보호하고 여성 스포츠의 무결성을 유지하기 위한 조치로 해석되고 있다.

5) 한국의 상황과 대응

① 국내 스포츠의 젠더 인클루전 논의

아직 초기 단계지만, 성소수자의 인권과 차별 문제에 대한 관심이 높아지면서 스포츠 분야에서도 포용성 논의가 활발해지고 있다.

② 대한체육회 및 스포츠윤리센터

트랜스젠더 및 성소수자에 대한 차별 금지와 인권 보호를 주요 과제로 인식하고 있으며, 향후 구체적인 정책과 지침 마련이 요구된다.

6) 향후 과제와 전망

① 과학적 기준과 인권 보호의 균형

생물학적 요소와 경기력에 대한 과학적 연구를 바탕으로, 공정성과 인권 사이에서 균형 잡힌 정책 수립이 필요하다.

② 다양성을 존중하는 스포츠 문화 조성

트랜스젠더 및 성소수자 선수를 존중하고 포용하는 문화가 뿌리내려야 하며, 차별적 언행과 편견을 방지하기 위한 교육과 인식 개선이 필수적이다.

③ 포용과 보호를 위한 제도적 지원 강화

트랜스젠더 선수가 안전하게 스포츠에 참여할 수 있도록 보호 조치를 강화하고, 심리적·사회적 지원 프로그램도 마련해야 한다.

결론

젠더 인클루전과 트랜스젠더 선수 문제는 스포츠의 공정성과 포용성을 동시에 고민하게 하는 복합적인 이슈다. 스포츠가 본질적으로 공정성과 평등을 실현하는 장이라면, 트랜스젠더 선수를 포함한 모든 이들의 권리를 존중하는 시스템과 문화를 구축하는 것이 중요하다.

다만, 여성 스포츠 보호와 같은 현실적 문제를 함께 논의하고 해결책을 모색하는 균형 잡힌 접근이 요구된다.

3. 트랜스젠더 논쟁의 윤리적·법적 쟁점

트랜스젠더 선수의 스포츠 참여는 최근 가장 뜨거운 논쟁 중 하나다. 이 문제는 스포츠의 핵심 가치인 **공정성(Fairness)과 포용성(Inclusion), 인권(Human Rights)**사이에서 균형을 찾으려는 시도와 더불어 깊은 윤리적·법적 딜레마를 동반하고 있다. 트랜스젠더 운동선수의 경기 참여가 확대되면서, 이로 인한 규정 변경, 윤리 논쟁, 법적 소송 등이 세계 스포츠계에서 활발하게 진행되고 있다.

1) 윤리적 쟁점

① 공정성(Fairness)과 평등(Equality)

스포츠에서 가장 기본적인 원칙은 **공정한 경쟁**이다. 그러나 트랜스젠더 여성(남성에서 여성으로 성전환한 선수)의 경우, 사춘기 이전에 남성 호르몬(테스토스테론)에 의해 발달한 근육량, 골격 크기, 심폐 기능 등 신체적 요소가 생물학적 여성 선수에 비해 경기력에서 우위를 제공할 수 있다는 과학적 연구 결과가 있다.

- **공정성 옹호 측 주장**
  트랜스젠더 여성이 여성 경기에서 경쟁하면 기존 여성 선수들에게 불리하며, 이는 여성 스포츠의 본질과 기회를 위협할 수 있다는 우려다. 여성 선수 보호와 공정한 경기 기회의 보장은 인권 차원에서도 중요하다는 입장이다.

- **포용성 옹호 측 주장**
  트랜스젠더 선수의 스포츠 참여 제한은 그들의 기본권과 인권을 침해하며, 차별로 이어질 수 있다. 호르몬 치료와 규정을 통해 충분히 생리학적 차이를 보정할 수 있다고 주장하며, 개인의 정체성을 존중하는 것이 스포츠윤리에 부합한다는 시각이다.

② 인권과 차별 금지(Human Rights and Non-Discrimination)

트랜스젠더 선수의 출전을 제한하거나 자격 조건을 강화하는 규정은 **성별 정체성을 이유로 한 차별**로 해석될 가능성이 크다. 인권 단체들은 이러한 규정을 인권 침해로 간주하며, 스포츠가 인권과 평등을 실현해야 할 공간이라고 강조한다.

하지만 반대로 여성 스포츠 보호론자들은 여성 선수의 권리와 기회를 보호하는 것도 **성 평등**의 중요한 부분이라고 주장한다. 트랜스젠더 선수의 참여가 여성 선수의 경쟁권을 침해한다면, 이는 또 다른 형태의 차별이 될 수 있다는 것이다.

③ 젠더 정체성과 생물학적 성별 간 긴장

스포츠는 성별 분리를 기본으로 하고 있다. 남성과 여성의 신체적 차이를 인정하고 이에 따라 분리된 경쟁이 이루어진다. 그러나 트랜스젠더 선수의 경우, 법적 성별과 생물학적 성별 사이의 긴장이 발생하며, 성별 구분 기준이 무엇인가에 대한 근본적인 윤리적 고민을 불러일으킨다.

2) 법적 쟁점

① 차별금지법과 스포츠 규정의 충돌

국가별 차별금지법과 스포츠 단체 규정이 충돌하는 사례가 발생하고 있다. 차별금지법은 성 정체성에 따른 차별을 금지하고 있으며, 트랜스젠더 개인이 스포츠에 참여할 권리를 보호한다. 그러나 스포츠 단체 규정은 경기의 공정성과 무결성을 이유로 트랜스젠더 선수의 경기 출전을 제한하거나 조건을 부과하고 있다. 이러한 규정은 법적으로 합헌성과 비례성 원칙에 따라 검토되어야 하며, 과도한 제한은 헌법상 평등권과 자기 결정권 침해로 간주될 수 있다.

② 국제 스포츠 기구와 국가 법률 간의 갈등

국제올림픽위원회(IOC)와 국제 경기연맹은 각국 법과 별도로 독립적인 규정을 가지고 있으며, 이에 따라 국가법과 충돌하는 경우가 발생한다.

예를 들어, 특정 국가에서는 트랜스젠더 선수 차별을 법으로 금지하고 있지만, 국제 경기에서는 해당 규정을 따르지 않으면 출전이 제한되는 사례가 존재한다.

③ 선수의 권리 보호와 사생활 문제

트랜스젠더 선수의 호르몬 수치 검사, 의료 기록 제출, 신체 검사 등은 사생활 침해 소지가 있으며, 이는 법적으로 민감한 이슈다. 법원은 선수의 개인정보 보호와 스포츠 기구의 공정성 보장이라는 두 가지 가치 사이에서 과잉금지원칙(Minimal Intrusion)을 적용해 판단해야 한다.

④ 스포츠에서의 성별 정의와 법적 기준

각 국가와 스포츠 단체가 성별 정의 기준을 다르게 규정하고 있다. 법적 성별 인정 요건이 국가마다 다르며, 일부 국가는 성전환 수술 없이 성별 변경을 인정하지만, 스포츠 단체는 물리적, 생리학적 요건을 더 중시하는 경향이 있다. 이러한 차이로 인해 법적 혼선이 발생하고, 선수 보호와 규정의 일관성 사이에 법적 공백이 생길 수 있다.

3) 주요 사례와 판결

① 캐스터 세메냐 사건 (IAAF vs. Semenya)

남아프리카공화국 육상 선수 캐스터 세메냐는 남성 호르몬 수치가 높은 '성발달이상(DSD)' 선수로, 국제육상연맹(IAAF)이 여성 경기 출전 조건으로 테스토스테론 수치를 인위적으로 낮출 것을 요구했다. 세메냐는 인권 침해를 주장하며 법적 소송을 제기했으나, 스포츠 중재재판소(CAS)는 공정성 유지 차원에서 IAAF의 규정을 정당하다고 판결했다. 이 판결은 공정성과 인권의 균형을 둘러싼 대표적 사례로 꼽힌다.

② 로렐 허버드 도쿄올림픽 출전 논쟁

뉴질랜드 트랜스젠더 역도 선수 로렐 허버드는 IOC 규정을 충족하여 도쿄올림픽에 출전했지만, 일부 국가와 선수들은 허버드의 출전을 "여성 스포츠의 위협"으로 규정하고 강하게 반발했다. 이에 대해 IOC는 인권 보호와 스포츠 무결성 사이에서 균형을 유지하는 규정을 강화하겠다고 밝혔다.

4) 향후 과제와 제언

① 기준의 명확화와 스포츠별 차등 적용

스포츠마다 생리학적 차이가 경기력에 미치는 영향이 다르므로, 각 종목의 특성에 맞는 기준 마련이 필요하다. 예를 들어, 체력 중심 스포츠와 기술 중심 스포츠에 따라 트랜스젠더 선수 기준을 다르게 설정할 수 있다.

② 과학적 근거에 기반한 정책 수립

공정성과 인권 보호를 동시에 달성하기 위해 과학적 연구가 지속되어야 하며, 데이터를 바탕으로 합리적인 규정을 마련해야 한다.

③ 인권 보호 중심의 절차와 시스템 마련

선수의 개인정보와 인권을 보호하면서도 공정성을 지킬 수 있는 제도적 장치가 필요하다. 테스트 절차의 투명성, 이의 신청 기회 보장, 인권 자문기구 설립이 요구된다.

결론

트랜스젠더 선수 논쟁은 스포츠의 공정성과 인권 보호라는 두 가지 가치가 충돌하는 복합적인 문제다. 윤리적·법적 쟁점을 신중히 고려하면서 스포츠의 기본 정신인 공정 경쟁과 포용성 사이의 균형을 찾아야 한다. 향후 스포츠계와 사회 전체가 다각적인 논의와 협력을 통해 포괄적이고 지속 가능한 해결책을 마련하는 것이 중요하다.

제5장. 인종과 스포츠의 다양성

1. 스포츠 속 인종차별 사례와 그 극복

1) 스포츠 속 인종차별의 개념과 배경

스포츠는 전 세계적으로 가장 많은 사람을 연결하는 활동이자 문화지만, 인종차별은 여전히 스포츠 현장에서 만연한 문제로 남아 있다. 인종차별은 특정 인종이나 민족을 열등하게 취급하거나 차별하는 행위로, 스포츠에서는 선수의 출전 기회, 공정한 대우, 경기장에서의 폭언이나 폭력, 언론 보도에서의 편견 등 다양한 형태로 나타난다.

스포츠는 평등과 공정성을 추구해야 하지만, 인종적 편견과 차별이 오랜 시간 구조적으로 존재해왔다. 그러나 동시에 스포츠는 인종차별에 맞서 싸우고, 다양성과 포용의 가치를 확산시키는 강력한 수단이 되기도 한다.

2) 주요 인종차별 사례

① 제시 오웬스(Jesse Owens) - 1936년 베를린 올림픽

1936년 베를린 올림픽에서 미국의 흑인 육상 선수 제시 오웬스는 나치 독일의 인종 우월주의를 무색하게 하며 4관왕을 달성했다. 그러나 귀국 후에도 미국 사회 내 인종차별로 인해 백악관에 초청받지 못했고, 공공장소 출입 제한 등 차별을 경험했다. 오웬스의 업적은 스포츠가 인종차별을 극복하는 상징이 되었지만, 그의 삶은 당시 미국 사회의 차별 현실을 보여주었다.

② 잭키 로빈슨(Jackie Robinson) - 메이저리그 최초의 흑인 선수

1947년, 잭키 로빈슨은 미국 메이저리그에 입단한 최초의 흑인 선수로, 선수 생활 초기 동료와 팬들로부터 심한 인종차별을 겪었다. 욕설과 협박, 투수의 의도적인 빈볼 공격 등이 이어졌지만, 그는 침착하게 대응하며 선수로서 성공을 거두었고, 결국 메이저리그에서 인종 장벽을 허문 상징적인 인물이 되었다.

③ 발로텔리(Mario Balotelli) - 유럽 축구에서의 인종차별

이탈리아 축구 선수 발로텔리는 경기 중 관중으로부터 원숭이 울음소리를 듣는 등 심각한 인종차별을 겪었다. 유럽 축구 리그에서는 흑인 선수나 아시아 선수에 대한 인종차별적 응원이 여전히 문제가 되고 있으며, 일부 팬들이 바나나를 경기장에 던지는 등의 행동도 있었다.

④ 콜린 캐퍼닉(Colin Kaepernick) - 무릎 꿇기 시위

NFL 선수 콜린 캐퍼닉은 2016년 미국 국가 연주 시 인종차별과 경찰 폭력에 항의하며 무릎을 꿇는 퍼포먼스를 했다. 이 행동은 미국 사회 전반에 큰 반향을 일으켰고, 이후 많은 스포츠 선수들이 이에 동참했다. 그러나 캐퍼닉은 팀에서 방출되었고, 이후 오랜 시간 선수 생활을 이어가지 못했다. 그의 행동은 스포츠가 인종차별 문제를 공론화하는 장이 될 수 있음을 보여주었다.

3) 스포츠 속 인종차별의 유형과 양상

① 관중의 인종차별적 행위

인종차별 구호, 야유, 물리적 공격 등이 경기장에서 빈번히 발생하며, 특히 축구나 농구 등 대중 스포츠에서 심각한 문제로 인식된다.

② 언론의 편견과 고정관념

특정 인종 선수에 대한 능력을 고정적으로 평가하거나, 승리 시에는 개인 능력을 강조하고 패배 시에는 인종적 편견으로 설명하는 경우가 존재한다.

③ 스포츠 조직 내부 차별

지도자, 심판, 행정직 등 고위직에서 특정 인종이 배제되거나, 승진과 기회에서 불평등이 발생하는 구조적 차별이 문제로 지적된다.

④ 용병 선수에 대한 차별적 대우

아시아권 리그에서는 외국인 흑인 선수들에 대한 편견과 차별이 존재하며, 이들에 대한 급여, 복지, 생활 지원이 열악한 경우도 있다.

4) 인종차별 극복을 위한 국제적 노력과 사례

① 블랙 라이브스 매터(Black Lives Matter, BLM) 운동과 스포츠계의 동참

2020년 미국에서 흑인 조지 플로이드 사망 사건 이후, 전 세계 스포츠계는 BLM 운동에 동참했다. 잉글랜드 프리미어리그 선수들은 경기 전 무릎을 꿇었고, NBA에서는 경기장 바닥에 'Black Lives Matter' 문구를 새기고 선수들이 관련 문구가 새겨진 유니폼을 착용했다.

② FIFA의 인종차별 근절 캠페인

FIFA는 "Say No to Racism" 캠페인을 통해 인종차별 퇴치를 위한 글로벌 캠페인을 전개하고 있다. FIFA는 인종차별 행위가 발생한 팀에 승점 삭감, 경기 몰수, 관중 입장 금지 등의 징계를 강화하고 있다.

③ IOC와 올림픽 헌장의 인권 조항 강화

IOC는 올림픽 헌장에 인종, 성별, 국적 등 모든 차별을 금지하는 조항을 명시하고 있다. 최근에는 선수들의 인권 보호와 차별금지 규정을 강화하며, 인종차별을 포함한 모든 혐오 행위에 무관용 원칙을 적용하고 있다.

5) 한국 스포츠에서의 인종차별과 극복 노력

➢ 한국 축구와 농구 리그에서의 사례

과거 K리그와 프로농구에서 외국인 흑인 선수에 대한 차별 발언과 인종차별적 행동이 문제가 되었다. 일부 팬들은 외국인 선수를 향해 외모나 인종을 비하하는 언행을 했으며, 언론 역시 선입견을 조장하는 표현을 사용하기도 했다.

이러한 사건을 통해 대한축구협회와 K리그는 인종차별을 포함한 혐오 발언과 차별 행위에 대해 강력한 징계와 함께 교육 프로그램을 시행하고 있다. 프로팀은 선수와 팬을 대상으로 다양성과 인권 존중 교육을 확대하고 있으며, 인권위원회와 협력하여 차별 행위를 모니터링하고 있다.

결론

스포츠는 인종과 문화를 초월한 글로벌 플랫폼이지만, 그 안에서도 여전히 인종차별이 존재한다. 그러나 스포츠는 동시에 인종차별을 극복하고, 다양성과 포용을 실천할 수 있는 강력한 수단이다. 국제 스포츠 기구와 각국의 스포츠 단체는 법적·제도적 대응뿐만 아니라, 교육과 인식 개선을 통해 인종차별 없는 스포츠 문화를 조성해야 한다.

향후 스포츠가 전 세계 인종 간 화합과 평등의 상징으로 자리매김하기 위해서는 지속적인 노력이 필요하며, 이는 스포츠의 진정한 공정성과 정의를 실현하는 길이 될 것이다.

2. 스포츠에서 다양성과 포용성 증진 방안

1) 다양성과 포용성의 개념

① 다양성(Diversity)

스포츠에서 다양성은 선수와 지도자, 팬, 행정가 등 모든 구성원이 인종, 민족, 성별, 성적 지향, 종교, 장애 여부 등과 관계없이 동등하게 참여하고 존중받는 환경을 의미한다. 다양성은 단순한 인구 구성의 차이를 넘어, 서로 다른 배경과 경험을 가진 사람들이 스포츠 생태계 전반에서 영향력을 갖고 기여하는 상태를 지향한다.

② 포용성(Inclusion)

포용성은 다양한 사람들이 스포츠에 참여할 뿐만 아니라 **존중과 수용을 통해 동등하게 인정받고 공정하게 대우받는 것**을 뜻한다. 이는 차별과 배제 없이 모두가 스포츠의 기회와 혜택을 공평하게 누릴 수 있는 구조와 문화를 만드는 것을 포함한다.

스포츠에서 다양성과 포용성은 단순한 인권 차원의 문제가 아니라, 스포츠가 공정성과 정의를 실현하고 지속 가능하게 발전하기 위한 필수적 요소다.

2) 다양성과 포용성을 위한 국제 스포츠계의 노력

① IOC(국제올림픽위원회)

IOC는 올림픽 헌장에 모든 차별을 금지하는 조항을 명문화했으며, 2020년 도쿄올림픽과 2024년 파리올림픽에서 **성평등과 다양성 증진**을 위한 기준을 강화했다.

- 여성과 남성 선수의 참가 비율을 50:50으로 맞추고, 젠더 인클루시브 정책을 확대하고 있다.
- 선수위원회와 심판, 코치, 행정직 등에서도 다양성 확대 정책을 추진하고 있다.

② FIFA와 UEFA

국제축구연맹(FIFA)과 유럽축구연맹(UEFA)은 "No to Racism", "Equal Game" 캠페인을 통해 인종, 성별, 종교 등 모든 차별을 금지하고, 선수와 팬들에게 인권과 다양성 존중을 촉구하고 있다.

- 관중의 인종차별 행위에 대한 무관용 원칙을 적용하고 있으며, 경기 중 차별 행위가 발생할 경우 즉각적인 경기 중단과 징계 조치를 시행하고 있다.

③ NBA와 WNBA

미국의 프로농구 리그(NBA)와 여자 프로농구(WNBA)는 다양한 인종과 성소수자 선수,

지도자, 행정가의 참여를 적극적으로 확대하고 있으며, 사회 정의 운동과 연계하여 포용적 스포츠 환경을 조성하고 있다.

- 선수들이 인권 운동에 참여할 권리를 보장하고 있으며, 팀 차원에서 커뮤니티 봉사와 인권 증진 캠페인을 주도하고 있다.

3) 스포츠에서 다양성과 포용성 증진을 위한 구체적 방안

① 정책과 규정의 제정 및 강화

- **다양성과 포용성을 명문화한 윤리 강령 제정**
  모든 스포츠 조직은 인종, 성별, 성적 지향, 종교 등에 따른 차별을 금지하고, 다양성을 존중하는 윤리 강령과 행동 수칙을 마련해야 한다.
  예시: IOC의 "Gender Equality and Inclusion Framework", FIFA의 "Anti-Discrimination Regulations"

- **제재 조치와 법적 규정 강화**
  인종차별과 혐오 표현에 대한 무관용 정책을 강화하고, 차별 행위 적발 시 경기 출전 정지, 팀 제재, 관중 입장 금지 등 실효성 있는 제재를 시행한다.

② 교육과 인식 개선 프로그램 운영

- **선수 및 관계자 대상 다양성 교육 의무화**
  지도자, 심판, 선수, 팬 모두를 대상으로 인권과 다양성에 대한 정기적인 교육을 실시하고, 포용적인 언어 사용과 행동 지침을 교육한다.

- **청소년 스포츠 인권 교육 강화**
  학교 체육과 청소년 스포츠 클럽에서 조기 인권 교육과 다문화 이해 교육을 실시하여, 다양성 존중 문화를 형성한다.

③ 스포츠 조직 내 다양성 확대

- **여성 및 소수자 행정직, 지도자 비율 확대**
  스포츠 협회, 프로구단, 국제연맹 등 주요 조직의 고위직에서 소수자와 여성의 참여 비율을 확대하여 의사결정 과정의 다양성을 보장한다.

- **코치와 심판에서 다양성 확보**
  여성과 소수 인종 출신 코치와 심판을 적극 육성하고, 공정한 선발과 평가 시스템을 도입한다.

④ 다양성을 반영한 스포츠 행사 기획

- **다문화 스포츠 이벤트 개최**
  다양한 인종과 문화를 존중하고 포용하는 스포츠 이벤트를 기획하고, 종목별로 전통 스포츠를 소개하여 글로벌 스포츠 문화의 다양성을 홍보한다.

- **성소수자(LGBTQ+) 포용 스포츠 대회 확대**
  LGBTQ+ 선수와 팬이 차별 없이 참여할 수 있는 스포츠 대회를 확대하고, 프라이드 게임과 같은 포용적 스포츠 이벤트를 정례화한다.

⑤ 미디어와 커뮤니케이션의 개선

- **포용적 언어 사용과 미디어 가이드라인 제공**
  스포츠 중계와 보도에서 인종적 편견을 배제하고, 공정하고 존중하는 언어 사용을 장려한다. 선수 프로필, 기사 작성 시 편견과 차별적 표현을 금지하며, 소수자 선수의 긍정적 사례를 적극 보도한다.

4) 한국 스포츠의 다양성과 포용성 확대 과제

① **현황**

한국 스포츠계는 최근 다문화 가정과 외국인 선수를 포함한 다양성이 점차 증가하고 있지만, 여전히 포용성과 관련한 제도와 문화가 부족한 편이다.

② **과제 및 추진 방안**

대한체육회 및 스포츠윤리센터를 중심으로 다양성과 포용성 강화 지침을 마련하고, 학교 체육과 프로스포츠 차원에서 다문화 선수 및 소수자 보호 정책을 시행해야 한다.
외국인 용병 선수와 지도자에 대한 언어·문화 지원을 확대하고, 차별과 편견이 발생할 경우 신속한 조사와 제재가 필요하다.

결론

스포츠는 전 세계인의 공통 언어이자, 다양성과 포용성을 실현할 수 있는 가장 효과적인 공간이다. 인종, 성별, 성적 지향, 종교, 장애 유무를 넘어 누구나 동등하게 스포츠에 참여하고 존중받는 문화를 조성하는 것은 스포츠의 공정성과 정의를 실현하는 길이다. 이를 위해 제도적 지원과 인식 개선, 조직 문화의 변화가 지속적으로 이루어져야 하며, 스포츠는 사회 전반의 포용성과 인권 존중의 상징이 될 수 있다.

제6장. 스포츠의 상업화와 윤리

1. 상업화의 빛과 그림자

1) 스포츠 상업화의 개념

스포츠의 상업화란 스포츠 활동이 단순한 취미나 놀이의 차원을 넘어 **산업적 가치**와 **경제적 이익**을 중심으로 운영되고 소비되는 현상을 의미한다. 스포츠가 대중 오락으로 발전하고, **미디어 기술, 광고, 스폰서십, 브랜드 마케팅** 등이 결합되면서 전 세계적으로 거대한 산업으로 성장했다.

스포츠 상업화는 선수, 구단, 팬, 기업 등 다양한 이해관계자가 얽힌 복합적인 시스템 속에서 진행되며, 경제적 이익을 추구하는 과정에서 긍정적 효과와 부정적 문제를 동시에 낳고 있다.

2) 스포츠 상업화의 긍정적 측면 (빛)

① 스포츠 산업 발전과 경제적 기여

스포츠 상업화는 스포츠 산업을 급성장시켜 국가 경제와 지역 경제에 긍정적인 파급 효과를 가져왔다.

- 국제 대형 스포츠 이벤트(올림픽, 월드컵 등)는 개최국의 경제 활성화, 고용 창출, 인프라 개선으로 이어진다.
- 스포츠 용품, 미디어, 관광, 건설, 광고 산업과 연계되어 수조 원대 시장을 형성하고 있으며, 이는 스포츠 산업을 세계 경제의 중요한 분야로 자리 잡게 만들었다.

② 선수 및 구단의 경제적 안정과 발전

상업화는 선수와 구단에 풍부한 자금을 공급하며, 이를 통해 훈련 환경이 개선되고, 선수는 높은 연봉과 스폰서 계약을 통해 경제적 안정을 얻을 수 있다.

- 스타 선수는 브랜드와 협업을 통해 광고 수익을 창출하고, 자신의 이미지와 가치를 강화한다.
- 구단은 스폰서와 방송 중계권 수입을 통해 안정적인 운영이 가능해지며, 팬 서비스와 시설 투자가 확대된다.

③ 스포츠의 글로벌화와 대중 접근성 강화

상업화는 미디어 기술과 결합하여 스포츠의 글로벌화를 촉진시켰다.

- 전 세계 어디서나 동일한 경기를 실시간으로 시청하고, SNS와 디지털 플랫폼을 통해 선수와 팬이 소통할 수 있게 되었다.
- 여성 스포츠, 장애인 스포츠, 비주류 종목도 상업화와 미디어 노출을 통해 인지도를 높이고 있다.

④ 스포츠 발전과 문화 콘텐츠로의 확장

스포츠는 단순한 경기의 차원을 넘어 하나의 **문화 콘텐츠**로 발전했다. 스포츠 스타의 스토리, 팀의 역사와 팬덤 문화는 영화, 드라마, 게임 등 다양한 분야로 확장되며, 대중문화의 한 축을 담당하고 있다.

3) 스포츠 상업화의 부정적 측면 (그림자)

① 스포츠의 본질 왜곡과 승리 지상주의

상업화로 인해 스포츠가 본래 지닌 **건강 증진, 인격 형성, 공정한 경쟁**이라는 가치를 잃고, 오직 이익과 승리에만 집중하는 구조로 변질될 위험이 있다.

- 승리만을 목표로 한 훈련 방식과 비윤리적 방법(도핑, 승부조작 등)이 조장될 수 있으며, 선수의 인권이 무시되기도 한다.
- 청소년 선수들에게 과도한 경쟁과 성적 중심의 평가가 강요되면서 스포츠 교육의 본질이 훼손되는 문제가 발생한다.

② 선수의 상품화와 인권 침해

스타 선수를 중심으로 한 **브랜드화**가 진행되면서 선수는 인간이 아닌 **상품이나 투자 대상**으로 취급되는 경우가 있다.

- 선수의 사생활 침해, 이미지 소비 과다, 과도한 경기 출전과 상업 행사 참여 등으로 선수의 육체적·정신적 건강이 위협받는다.
- 유소년 선수 및 저소득 국가 출신 선수의 인권 착취와 에이전트의 횡포 등이 빈번하게 발생한다.

③ 팬 중심의 스포츠 문화 약화

상업화는 종종 스포츠가 **팬 중심이 아닌 기업 중심으로 운영되는 구조**를 만들 수 있다.

- 입장권 가격 상승, 특정 팬층만을 겨냥한 마케팅이 증가하면서 서민 팬들의 접근성이 낮아지고 있다.
- 경기 시간과 방식이 TV 중계와 광고에 맞춰 조정되면서 전통적인 팬 경험이 제한되는 경우도 있다.

④ 스포츠의 경제 의존과 불평등 심화

상업화는 구단 간, 국가 간 **경제력 격차를 심화**시킨다.

- 자본력이 풍부한 팀과 그렇지 않은 팀 간의 전력 불균형이 고착화되고, 리그의 경쟁력과 공정성이 저하될 수 있다.
- 특정 종목과 국가에만 스폰서와 투자가 집중되면서 소외 종목과 저개발국 스포츠는 발전의 기회를 얻기 어렵다.

4) 스포츠 상업화에 대한 윤리적 과제

① 스포츠 본질 회복과 윤리 경영 강화

- 스포츠 상업화가 지나치게 이윤만을 추구하지 않도록 **윤리적 책임과 사회적 가치 실현**을 병행해야 한다.
- 스포츠 단체와 기업은 **사회공헌 활동, 청소년 지원 프로그램, 장애인 스포츠 후원** 등을 통해 공익성과 사회적 신뢰를 회복해야 한다.

② 선수 인권 보호 및 공정한 계약 체결

- 선수 보호를 위한 법적·제도적 장치를 마련하고, 선수와 구단 간 **공정한 계약 기준**을 확립해야 한다.
- 특히 유소년 선수, 외국인 용병 선수에 대한 보호를 강화하고, 에이전트의 윤리적 책임을 명확히 해야 한다.

③ 팬 중심의 스포츠 문화 조성

- 팬의 권리와 참여를 확대하는 **서포터스 시스템, 팬투표, 구단 소유제(팬 소유 구단)** 등을 도입하여 스포츠 본질인 **팬과 커뮤니티의 참여**를 강화할 필요가 있다.

결론

스포츠 상업화는 스포츠 산업을 성장시키고, 글로벌 스포츠 문화를 발전시킨 긍정적인 역할을 해왔다. 하지만 그 이면에는 스포츠 본질의 훼손, 선수 인권 침해, 팬 소외 등 심각한 윤리적 문제가 공존한다. 앞으로 스포츠 상업화는 **윤리적 책임과 사회적 가치 실현**을 병행하는 방향으로 나아가야 하며, 공정하고 지속 가능한 스포츠 생태계를 구축하기 위한 노력이 필수적이다.

2. 스폰서십·광고와 선수 이미지의 상업적 이용

1) 스폰서십과 스포츠 광고의 개념

스폰서십(Sponsorship)은 기업이 특정 팀, 선수, 대회에 자금을 지원하고, 그 대가로 브랜드 노출과 이미지 상승 등의 혜택을 얻는 **마케팅 전략**이다. 스포츠 광고는 이러한 스폰서십과 더불어, 선수나 스포츠를 활용해 제품이나 브랜드를 홍보하는 활동을 포괄한다.

현대 스포츠에서는 스폰서십과 광고가 필수적인 자금 조달 수단이 되었으며, 이는 스포츠 산업 전반의 발전과 대중화를 촉진하는 데 기여했다. 그러나 동시에 선수의 이미지를 지나치게 상업적으로 이용하거나, 기업 이익에 종속시키는 문제점도 나타나고 있다.

2) 스폰서십과 광고의 긍정적 영향

① 스포츠 산업과 선수 지원의 핵심 재원

스폰서십은 선수와 팀이 안정적인 재정을 확보하는 데 필수적인 역할을 한다. 이를 통해 훈련 인프라를 개선하고, 선수의 연봉과 복지를 향상시킬 수 있다.

예를 들어, 세계적인 스포츠 스타들은 스폰서십을 통해 연간 수백억 원에 달하는 수익을 올리며, 이는 선수 생활 이후에도 안정적인 경제 기반을 제공한다.

② 스포츠와 브랜드의 시너지 효과

기업은 스포츠를 통해 브랜드 인지도를 높이고, 긍정적인 이미지를 구축할 수 있다. 스포츠의 **도전정신, 공정성, 팀워크** 등의 가치가 브랜드와 결합되면서 소비자에게 강력한 인상을 남긴다.

예를 들어, 나이키, 아디다스, 푸마 등은 스포츠 스타와 협업을 통해 글로벌 브랜드로 성장했으며, 선수와 기업 간 상호 발전의 모델을 제시하고 있다.

③ 팬과 대중의 참여 확대

스폰서십을 통한 이벤트와 마케팅 활동은 팬과 대중의 스포츠 참여를 확대시키는 촉진제 역할을 한다. 선수 팬미팅, 브랜드 프로모션, 스포츠 캠페인 등은 팬 경험을 풍성하게 하여 스포츠 문화 확산에 기여한다.

3) 선수 이미지의 상업적 이용과 윤리적 쟁점

① 선수 이미지의 상품화와 도구화

선수는 경기력이 아닌 **이미지와 스타성**으로 평가되며, 기업은 이를 소비자에게 어필하는 수단으로 활용한다. 이 과정에서 선수는 **인간적인 존재가 아닌 상품이나 브랜드 아이콘**으로 다뤄지며, 개인적 삶과 인격은 부차적인 요소로 전락할 위험이 있다.

- 선수는 광고 계약을 위해 특정 이미지를 강요당하거나, 개인 신념과 상충하는 제품을 홍보해야 하는 경우도 있다.
- 과도한 상업 활동으로 인해 선수의 경기력 저하와 부상 위험이 증가하며, 사생활 침해와 정신적 스트레스가 심화된다.

② 선수 인권과 초상권 침해

선수의 초상권과 퍼블리시티권이 제대로 보호되지 않는 경우, 무단 이미지 사용과 상업적 이용이 문제가 된다. 특히 디지털 미디어와 SNS 환경에서는 선수 이미지가 기업과 언론에 의해 무단으로 사용되는 사례가 늘고 있다.

유소년 선수와 아마추어 선수의 경우, 계약에 대한 충분한 이해와 보호 장치가 부족해 부당한 계약에 노출되기도 한다.

일부 사례에서는 선수의 이미지를 허위로 조작하거나, 기업 이익에만 집중하여 인권을 침해하는 행위가 발생한다.

③ 스폰서의 윤리성과 가치 충돌

기업 스폰서가 윤리적 문제가 있는 경우, 해당 기업과 협력하는 선수와 팀도 비판의 대상이 될 수 있다.

- 예를 들어, 환경 파괴, 인권 침해, 노동 착취 등의 문제가 있는 기업과의 파트너십은 선수와 팀의 **도덕적 정당성**을 훼손시킬 수 있다.
- 선수 본인의 신념과 윤리 기준에 맞는 스폰서 선택이 중요하지만, 경기 활동을 유지하기 위한 재정적 필요로 인해 어쩔 수 없이 계약을 맺는 사례도 발생한다.

4) 대표 사례와 논란

① 타이거 우즈와 나이키

타이거 우즈는 나이키와의 파트너십을 통해 골프의 대중화에 기여했지만, 사생활 논란 이후 스폰서십에서 일부 기업이 철수했다. 이 과정은 선수 개인의 이미지가 기업에 미치는 영향과, 기업 브랜드가 선수에게 미치는 영향을 보여주는 대표적인 사례다.

② 콜린 캐퍼닉과 나이키

콜린 캐퍼닉은 인종차별 항의 시위로 NFL에서 방출되었지만, 나이키는 그를 광고 모델로 채택했다. 이는 기업이 사회적 가치와 윤리를 강조한 성공적인 사례로 평가되었지만, 일부 소비자는 나이키 제품 불매 운동을 벌이며 논란이 되기도 했다.

③ 일본 도쿄올림픽 선수와 스폰서

2020년 도쿄올림픽에서 일부 선수는 후원 브랜드에 따라 착용 장비와 복장을 제한받았고, 특정 제품 노출이 금지되는 사례가 있었다. 이는 상업적 이해관계가 선수의 자유와 경기력에 영향을 줄 수 있음을 보여주었다.

5) 윤리적 개선 방안과 규제 필요성

① 선수 권익 보호와 계약 투명성 강화

선수와 에이전트는 공정하고 투명한 계약 체결을 위해 법적 자문과 권리 보호 교육을 받아야 한다.
유소년 선수 보호를 위한 별도의 계약 가이드라인과 모니터링 시스템을 구축한다.

② 초상권과 퍼블리시티권 보호 법제화

디지털 시대에 맞는 초상권 보호와 이미지 무단 사용 금지 규정을 강화하고, 위반 시 강력한 법적 처벌을 시행한다.

③ 스폰서 기업의 윤리 기준 강화

스포츠 단체와 선수는 파트너 기업의 사회적 책임과 윤리 경영을 평가하는 기준을 마련하고, 비윤리적 기업과의 협력을 지양한다.
기업은 단순한 마케팅 수단이 아닌, 스포츠 발전과 사회공헌 활동을 병행하여 진정성 있는 파트너십을 유지해야 한다.

④ 선수 복지와 경기력 보호

과도한 광고 촬영과 상업 활동 제한을 규정하고, 시즌 중 선수의 경기력과 휴식을 보장하는 스케줄을 조율한다.

   심리 상담과 사생활 보호를 위한 시스템을 마련하여 선수의 인권과 복지를 강화한다.

결론

   스폰서십과 광고는 현대 스포츠 산업의 필수적인 요소지만, 선수 이미지를 지나치게 상업화하고 상품화하는 행위는 윤리적 문제를 야기할 수 있다. 스포츠와 기업 간의 파트너십이 공정성과 상호 존중에 기반할 때만이 진정한 상생이 가능하다. 스포츠 본질을 지키고 선수 인권을 보호하는 윤리적 기준을 강화하여, 지속 가능한 스포츠 생태계를 구축해야 한다.

3. 상업화가 스포츠윤리에 미치는 영향

1) 스포츠 상업화의 전반적 영향

스포츠의 상업화는 현대 스포츠의 성장과 발전을 이끈 핵심 동력이었다. 미디어와 자본이 결합하면서 스포츠는 단순한 경쟁이나 오락이 아닌 글로벌 산업으로 발전했고, 경제적 가치와 영향력을 키워왔다. 하지만 상업화가 스포츠윤리에 미치는 영향은 결코 단순하지 않다. 이익과 흥행 중심의 구조가 강화되면서, 스포츠가 추구해야 할 공정성(Fairness), 페어플레이(Fair Play), 스포츠맨십(Sportsmanship)같은 윤리적 가치가 위협받고 있다.

2) 스포츠 본질의 훼손과 윤리적 가치의 약화

① 공정한 경쟁의 원칙이 훼손된다

상업화가 심화되면서 승리 지상주의가 만연하게 되었고, 이는 스포츠윤리의 핵심 가치인 공정성과 페어플레이를 훼손하고 있다.

승리와 성과 중심의 평가가 지배하면서, 선수나 팀은 불법적이거나 비윤리적인 방법(도핑, 승부조작 등)을 통해 경쟁 우위를 확보하려는 유혹에 직면하게 된다.

특히 상금과 스폰서 계약이 경기 성적에 직접적으로 연결되면서, 일부 선수들은 경기보다 이익에 더 집중하게 되고, 이는 스포츠 정신을 훼손하는 결과로 이어진다.

② 스포츠맨십과 페어플레이의 약화

스포츠 본래의 목적은 인간 상호 간의 정당한 경쟁과 상호 존중을 통한 인격 수양과 사회적 화합이다. 그러나 상업화로 인해 스포츠맨십은 뒷전으로 밀리고, 상대를 존중하기보다 이기기 위한 수단을 정당화하는 풍토가 조성된다.

반칙이나 비신사적인 플레이를 전략으로 활용하거나, 심판 판정에 불복하는 행동이 빈번하게 발생하며, 이는 스포츠윤리의 기본 정신을 약화시킨다.

3) 선수의 인권과 복지 침해

① 선수의 상품화와 상업적 소모품화

상업화된 스포츠에서는 선수의 존재가 경기력 외에도 **수익 창출 도구**로 평가된다.

- 선수는 경기력뿐만 아니라 외모, 사생활, 개인적 가치관까지도 브랜드화되며, 지나친 스포트라이트와 상업적 요구 속에서 인격적 권리가 침해되는 사례가 늘고 있다.
- 일정과 경기 외적 활동이 기업이나 구단의 이익 중심으로 조정되면서, 선수의 신체적·정신적 건강권이 위협받는다. 부상 위험이 높아지거나 선수 생명이 단축되는 결과로 이어지기도 한다.

② 유소년 선수와 개발도상국 출신 선수 착취

상업화는 유소년 선수를 조기 육성하고 상품화하는 구조를 강화시킨다.

- 유소년 선수는 어린 나이에 과도한 경쟁과 훈련에 노출되며, 일부에서는 인권 침해와 학대가 발생하기도 한다.
- 특히 개발도상국 출신 선수들은 낮은 계약 조건과 비윤리적 대우를 받으며, 구단과 에이전트 간 거래에서 착취당하는 경우가 많다.

4) 스포츠 조직과 운영의 비윤리적 관행

① 경제적 이해관계 중심의 조직 운영

스포츠 조직은 상업적 수익을 최우선으로 하는 경향이 강해지면서, 경기 운영과 리그 구조, 선수 선발 및 관리에서 **공정성과 투명성**을 잃을 위험이 있다.

- 구단과 리그는 스폰서와 방송사의 요구에 따라 경기 일정을 조정하거나 경기장을 광고판으로 채워 넣는 등 이익 중심 운영을 강화하고 있다.
- 심판 판정이나 경기 결과에 대한 조작이 발생하기도 하며, 승부조작과 같은 심각한 윤리적 범죄로 이어지는 사례가 있다.

② 리더십과 책임 윤리의 약화

상업화로 인해 스포츠 조직의 리더들은 단기적 성과와 수익에 집중하게 되고, 윤리적 책임보다는 재정적 안정과 이익 극대화가 주요 목표가 된다. 이는 스포츠 내에서 **도덕적 해이와 비윤리적 리더십**을 초래한다.

5) 팬과 커뮤니티의 소외

① 팬 중심에서 소비자 중심으로

스포츠가 상업화되면서 팬은 팀의 동반자나 커뮤니티 구성원이 아닌 단순 소비자로 전락하게 된다.

- 입장권, 구독료, 굿즈 가격이 지속적으로 상승하여 스포츠를 경험하는 접근성이 제한되고, 이는 특정 계층만이 스포츠를 향유할 수 있는 구조를 만든다.
- 팬의 의견과 요구가 경영에서 배제되고, 오히려 팬덤의 충성도를 이익으로 환산하는 비즈니스 모델이 확산된다.

② 지역 커뮤니티와의 유대 약화

과거 스포츠는 지역 사회와 강한 연대감을 유지하며 **지역 정체성과 소속감을 강화하는 기능**을 수행했다. 하지만 상업화가 심화되면서 글로벌 팬 확보에 집중하게 되고, 지역 커뮤니티와의 관계는 약화되고 있다.

6) 윤리적 해결 방안과 개선 방향

① 스포츠윤리 규범과 사회적 책임 강화

스포츠 단체와 구단은 윤리 강령을 제정하고, 경기와 경영에서 공정성, 투명성, 사회적 책임(CSR)을 강화해야 한다. 윤리경영을 평가하고 제재하는 시스템이 필요하며, 지속가능한 스포츠 생태계를 구축하기 위한 장기적 비전이 요구된다.

② 선수 인권 보호와 복지 개선

선수 인권 보호를 위한 법적·제도적 장치를 마련하고, 계약의 공정성을 검증하며, 유소년 선수 보호 프로그램을 강화해야 한다.

- 특히 선수 건강관리와 심리 상담 프로그램을 정착시키고, 경영진의 책임성을 높이는 조치가 필요하다.

③ 팬 중심의 스포츠 문화 복원

팬이 단순한 소비자가 아닌 스포츠 주체로서 권리를 갖도록, 서포터스 클럽 참여 확대, 구단 운영 참여(팬 소유 구단 모델) 등을 도입해야 한다.

- 지역 커뮤니티와 협력하여 스포츠를 통한 사회 공헌 활동을 강화하고, 포용성과 다양성을 확대해야 한다.

결론

스포츠 상업화는 스포츠 산업의 성장과 발전에 기여했지만, 그 이면에 윤리적 문제와 도전 과제를 낳았다. 스포츠 본연의 가치인 공정성과 스포츠맨십을 지키고, 선수와 팬의 권리를 보호하기 위한 윤리적 규범과 제도적 개선이 필수적이다. 앞으로 스포츠는 상업적 성공과 윤리적 책임이 조화를 이루는 방향으로 발전해야 하며, 스포츠 본질을 되살리는 노력이 지속되어야 할 것이다.

3부. 스포츠 환경과 공정성의 실현

스포츠 환경과 공정성의 실현

제7장. 청소년 스포츠와 윤리 문제

1. 학교체육교육의 현항과 과제

1) 학교체육교육의 개념과 중요성

학교체육교육은 학생들의 전인적 성장과 발달을 돕기 위한 필수적인 교육 영역이다. 체육교육은 학생의 신체 건강 증진뿐만 아니라 협동심, 책임감, 스포츠맨십을 기르고 인성을 함양하는 교육적 기능을 담당한다. 특히 청소년기의 학교체육은 평생 건강한 삶을 위한 기초를 다지는 중요한 시기로, 학생들이 운동과 스포츠에 긍정적으로 참여하도록 이끄는 역할을 한다. 그러나 최근 학교체육은 여러 가지 도전에 직면하고 있으며, 이를 해결하기 위한 구조적 개혁과 윤리적 접근이 요구되고 있다.

2) 학교체육교육의 현황

① **체육 수업의 축소와 수업 질 저하**
- **과도한 입시 중심 교육**으로 인해 체육 수업의 비중이 감소하고 있다. 학생과 학부모가 입시 과목에 집중하게 되면서 체육은 부차적이고 비필수적인 과목으로 인식되는 경우가 많다.
- 수업 시수 자체가 줄어들고 있으며, 체육 수업이 일회성 활동으로 변질되거나 단순한 경기 위주로 운영되는 등 교육적 가치가 저하되고 있다.

② **체육 시설과 환경의 열악함**
- 일부 학교는 체육관, 운동장 등 기본적인 시설이 부족하여 학생들이 충분한 신체 활동을 할 수 있는 공간이 제한적이다.
- 안전 장비와 운동 기구가 낙후되어 있으며, 기후나 환경 변화에 대응할 수 있는 실내 체육 공간도 부족하다.

③ **체육 교사의 전문성 문제와 인력 부족**
- 체육교사의 수가 부족하여 학교당 전담 체육교사가 충분히 배치되지 않는 경우가 많고, 비전공 교사가 체육 수업을 맡는 경우도 발생한다.
- 교사의 연수 및 전문성 개발 기회가 제한적이며, 새로운 스포츠 교육 방법론이나 융합 교육을 적용하기 어려운 구조다.

④ 학생 간 경쟁 과열과 편중된 교육
- 일부 학교에서는 운동부 중심의 편중 교육이 이루어지며, 엘리트 체육에 집중한 나머지 일반 학생의 체육 참여 기회가 줄어들고 있다.
- 운동부 학생들은 지나친 훈련과 승부 지상주의로 인해 부상, 학업 소외, 인권 침해에 노출되기도 한다.

3) 학교체육교육이 직면한 윤리적 문제

① 학생 인권 침해와 폭력
- 과거로부터 내려온 권위주의적 체육 지도 문화로 인해 체벌, 폭언, 언어폭력이 존재하고 있으며, 이는 학생 인권을 침해하는 심각한 문제로 지적된다.
- 운동부 학생의 경우 성적 향상을 위한 과도한 훈련과 관리가 이어지며, 이로 인한 신체적·정신적 스트레스와 심각한 부상이 발생하기도 한다.

② 성차별과 다양성 부족
- 학교체육이 남학생 중심으로 구성되거나, 특정 스포츠 종목에만 집중되어 다양한 학생의 참여가 제한되는 경우가 있다.
- 여성 학생과 장애 학생의 체육 참여가 부족하고, 성별에 따른 체육 활동의 차별적 제공도 문제로 지적된다.

③ 건강보다 성과 중심의 교육
- 체육 수업이 학생의 건강과 체력 증진보다는 체육대회나 성과 중심으로 운영되는 경우가 많아, 학생 개인의 흥미와 참여 동기를 저하시킨다.

4) 학교체육교육의 과제와 개선 방향

① 체육 수업의 질적 개선과 수업 확대
- 입시 중심 교육과 균형을 이루는 체계적인 체육 교육 과정이 마련되어야 한다.
- 체육 수업 시수를 법제화하고, 다양한 체육 활동과 프로그램을 도입하여 학생 개인의 흥미와 적성에 맞는 활동 기회를 확대해야 한다.
- 생활체육 중심으로 전환하여 모든 학생이 함께 참여하는 참여형 체육교육을 확대해야 한다.

② 체육 시설과 인프라 확충
- 학교 체육관, 실내외 운동장 등 기본 시설을 현대화하고, 안전한 환경을 조성해야 한다.

- 장애 학생과 여성 학생을 위한 전용 시설과 프로그램을 마련하여 다양한 학생이 동등하게 체육 활동에 참여할 수 있도록 해야 한다.

③ 체육교사의 전문성 강화와 인력 확충

- 체육 교사의 전문성과 역량 강화를 위해 정기적인 연수와 교육 기회를 제공하고, 최신 스포츠 교육 기법과 융합 교육을 도입할 수 있도록 지원해야 한다.
- 충분한 체육 교사를 확보하고, 비전공 교사가 체육 수업을 담당하지 않도록 인력 배치 기준을 명확히 해야 한다.

④ 인권 보호와 윤리적 지도 문화 정착

- 체육교육 현장에서 학생 인권을 보호하고, 폭력과 차별을 근절하는 윤리적 지도 문화를 확립해야 한다.
- 학생 참여형 지도 방식과 긍정적 강화법을 중심으로 학생들의 자율성과 참여 동기를 높이는 교육 방식을 도입해야 한다.

⑤ 다양성과 포용성 확대

- 성별, 체력 수준, 장애 여부와 관계없이 누구나 참여할 수 있는 체육 수업과 프로그램을 운영하고, 다양한 종목과 활동을 통해 스포츠의 포용성을 강화해야 한다.

결론

학교체육교육은 학생들의 전인적 성장과 건강한 사회 구성원으로서의 자질을 함양하는 핵심 영역이다. 그러나 현재 한국 학교체육은 입시 중심 사회와 구조적 한계로 인해 여러 가지 문제점에 직면해 있다. 앞으로 체육교육의 질적 향상과 윤리적 환경 조성을 위해 체계적인 정책과 학교 현장의 노력이 병행되어야 하며, 이를 통해 건강하고 지속 가능한 청소년 체육문화를 조성해야 한다.

2. 청소년 스포츠의 교육적·사회적 가치

1) 청소년 스포츠의 개념과 중요성

청소년 스포츠는 청소년기 학생들이 학교나 지역사회, 스포츠 클럽 등을 통해 참여하는 모든 형태의 체육 활동과 스포츠를 의미한다. 이는 단순한 신체 활동을 넘어 교육적, 사회적, 정서적 발달을 촉진하며, 건강한 성장을 지원하는 중요한 역할을 담당한다. 청소년 스포츠는 미래 사회를 이끌어 갈 인재들에게 **바람직한 가치관**과 태도, 그리고 **사회적 역량**을 기르는 데 필수적인 교육적 도구로 평가된다.

2) 청소년 스포츠의 교육적 가치

① 전인적 성장과 발달 촉진

청소년 스포츠는 신체적 건강뿐만 아니라 인지적, 정서적, 사회적 측면에서 **전인적 발달**을 지원한다.

- 체력과 지구력, 협응력 등 신체 능력 발달과 함께 운동을 통해 인내심과 성취감을 경험하게 하며, 자기 효능감(self-efficacy)을 높인다.
- 규칙을 배우고 지키는 과정은 학생들에게 **규율의식과 책임감**을 심어주며, 스포츠맨십은 공정성과 정직함을 학습하는 중요한 기회를 제공한다.

② 협동심과 팀워크 능력 강화

단체 스포츠는 청소년들에게 팀워크의 가치를 체득하게 한다.

- 동료들과 **협력하고 소통하는 경험**은 타인과의 관계 형성과 유지에 긍정적인 영향을 미치며, **공동체 의식**을 함양한다.
- 승리뿐 아니라 패배의 경험도 팀원과 함께 나누며 **배려와 포용**, 그리고 **감정 조절 능력**을 배우게 된다.

③ 자기조절과 문제 해결 능력 향상

스포츠는 청소년이 목표를 설정하고 노력하는 과정을 반복하게 하며, 이를 통해 자기통제력과 문제 해결 능력을 자연스럽게 향상시킨다.

- 훈련과 경기를 통해 실패를 경험하고 이를 극복하는 과정은 청소년에게 도전 정신과 회복탄력성(resilience)을 키워준다.

④ 도덕성과 윤리의식 함양

스포츠는 규칙 준수와 페어플레이 정신을 강조하며, 공정한 경쟁의 중요성을 교육한다. 이는 청소년에게 윤리적 가치관과 도덕적 판단 능력을 형성하게 한다.

- 심판의 판정과 상대방을 존중하는 태도는 타인의 권리를 존중하는 시민적 덕목으로 연결된다.

3) 청소년 스포츠의 사회적 가치

① 사회화 기능과 긍정적 사회 태도 형성

스포츠는 청소년이 사회 규범과 질서를 학습하고, **사회 구성원으로서의 역할과 책임을 이해하는 장**이 된다.

- 스포츠를 통한 상호작용은 청소년에게 타인을 이해하고 존중하는 법을 가르치며, **다양성의 수용과 포용성**을 촉진한다.
- 또래 관계 형성과 사회적 기술 습득을 통해 **사회적 연대감**과 **협력적 태도**가 길러진다.

② 사회적 통합과 커뮤니티 형성

청소년 스포츠는 다양한 배경을 가진 학생들이 함께 참여하는 장으로, **다문화 사회에서 사회 통합 기능**을 수행한다.

- 국적, 인종, 성별에 관계없이 참여할 수 있는 환경은 **편견과 차별을 해소**하며, 포용적 사회를 만드는 데 기여한다.
- 지역사회와 학교가 스포츠를 중심으로 협력하면서 **커뮤니티 활성화와 사회적 자본**을 확대한다.

③ 사회적 문제 예방과 건강한 라이프스타일 형성

규칙적인 스포츠 참여는 청소년의 **건강 증진과 비만 예방**, 그리고 **정신 건강 향상**에 긍정적인 효과를 준다.

- 스포츠 활동은 스트레스와 불안, 우울감을 해소하고 **자신감과 자기 긍정감**을 키워 청소년 범죄나 일탈 행동을 예방하는 데 기여한다.
- 청소년기에 형성된 건강한 생활습관은 평생 지속될 가능성이 높으며, 이는 **공중보건 향상과 사회 복지 비용 절감**으로 이어진다.

④ 리더십과 사회적 책임감 함양

청소년 스포츠는 **리더십과 주도성**을 키우는 데 중요한 역할을 한다.

- 팀을 이끄는 경험, 역할 분담과 책임 수행은 **리더십 스킬**과 **의사소통 능력**을 향상시키고, 사회의 지도자가 될 자질을 배양한다.
- 승패에 관계없이 공정한 경기와 팀원 존중을 강조하는 스포츠 환경은 청소년이 **사회적 책임감과 공정한 사회 실현에 대한 가치관을** 내면화하는 계기가 된다.

4) 청소년 스포츠가 지향해야 할 윤리적 과제

① 스포츠 참여의 보편화와 포용성 강화

모든 청소년이 성별, 체력, 장애 여부와 관계없이 동등하게 스포츠에 참여할 수 있는 환경을 마련해야 한다.

- 여성과 장애 학생, 다문화 가정 학생 등 소외계층의 스포츠 참여 기회를 확대하고, 포용적 스포츠 프로그램을 개발할 필요가 있다.

② 승부 지상주의와 성과 중심주의 극복

소년 스포츠는 승패보다 참여와 과정의 가치를 중시하는 문화로 전환되어야 한다.

- 지나친 경쟁과 엘리트 중심 교육에서 벗어나 즐기는 스포츠 문화와 건강 중심 스포츠가 활성화되어야 하며, 윤리적 교육과 인성 함양이 병행되어야 한다.

③ 인권 보호와 건강한 지도 문화 확립

지도자와 코치는 청소년의 인권을 최우선으로 고려하며, 체벌과 폭력 없이 긍정적인 코칭 방법을 채택해야 한다.

- 청소년 선수 보호를 위한 법적 제도와 윤리 강령을 강화하고, 청소년 스포츠 인권교육을 정규 과정에 포함시킬 필요가 있다.

결론

청소년 스포츠는 신체 건강 증진뿐만 아니라 인성 발달, 사회성 함양, 공동체 의식 배양 등 교육적·사회적 가치가 매우 크다. 그러나 이러한 가치를 온전히 실현하기 위해서는 경쟁 중심의 구조를 개선하고, 학생 중심의 인권 친화적 스포츠 환경을 조성해야 한다. 청소년 스포츠가 건강하고 공정한 사회를 만드는 기초가 되도록 지속적인 관심과 제도적 지원이 필요하다.

3. 청소년 스포츠에서의 윤리적 문제 사례

1) 청소년 스포츠에서 윤리 문제가 중요한 이유

청소년 스포츠는 신체적 건강 증진뿐만 아니라 인격 형성과 사회성을 기르는 교육적 공간이다. 그러나 이 과정에서 발생하는 다양한 윤리적 문제는 청소년의 신체적, 정신적 건강을 해칠 뿐 아니라, 사회적 정의와 공정성을 저해한다. 청소년기는 가치관과 세계관이 형성되는 시기로, 스포츠 환경에서의 윤리적 문제는 장기적으로 개인과 사회에 부정적인 영향을 끼칠 수 있다.

아래에서는 청소년 스포츠 현장에서 발생한 주요 윤리적 문제 사례를 구체적으로 분석하고, 그 시사점을 제시한다.

2) 청소년 스포츠의 주요 윤리적 문제 사례

① 폭력과 체벌

가장 빈번하게 발생하는 문제는 **체육 지도자나 선배에 의한 폭력과 체벌**이다.

- **사례:** 2020년 국내 고등학교 운동부에서 코치가 선수들에게 폭언과 구타를 지속한 사건이 언론에 보도되면서 큰 사회적 논란이 되었다. 해당 학생은 장기간의 폭력으로 인해 심리적 충격과 신체적 부상을 입었으며, 결국 운동을 포기하고 심각한 정신적 후유증을 호소했다.

- **문제점:** 전통적 승부 지상주의와 권위주의적 지도 방식이 이러한 폭력적 문화를 유지하고 있으며, 학생 인권 보호 시스템이 미비하거나 무력화되어 있다는 점이 드러났다.

② 승부조작

청소년 스포츠에서도 승부조작과 같은 심각한 비윤리적 행위가 발생하고 있다.

- **사례:** 국내 청소년 축구대회에서 일부 지도자와 심판이 사전에 경기 결과를 조율하고 특정 팀에게 유리한 판정을 내린 사례가 확인된 바 있다. 승부조작으로 인해 해당 팀은 우승했지만, 이후 사실이 밝혀지며 감독과 심판이 징계를 받았다.

- **문제점:** 공정성을 근간으로 하는 스포츠에서 청소년들에게 정직성보다 결과만을 중시하는 메시지를 전달하여, 장기적으로 도덕적 해이가 만연할 수 있다는 위험을 안고 있다.

③ 과도한 훈련과 선수 건강권 침해

청소년 선수들에게 **과도한 훈련량**을 요구하여 신체적·정신적 건강을 해치는 사례가 빈번하다.

- **사례:** 중학교 육상부에서 선수가 과도한 훈련과 경기 출전 강요로 인해 무릎 관절 손상을 입고, 이후 정상적인 일상생활이 어려워진 사건이 보고되었다. 지도자는 대회 성적을 위해 재활 기간 없이 훈련을 강행하도록 했고, 선수는 부상을 악화시켰다.

- **문제점:** 선수 건강권 보호와 장기적 성장보다 단기 성과 중심의 교육과 훈련이 지속되며, 이는 선수 생명을 단축하고 후유증을 유발한다.

④ 학업 소외와 교육 기회 박탈

엘리트 청소년 선수들은 학업과 훈련의 병행이 어렵고, 이로 인해 **교육의 기회를 박탈**당하는 경우가 많다.

- **사례:** 고등학교 야구부 학생들이 전국 대회 준비로 한 학기 동안 학교 수업에 거의 참여하지 못하고, 학습 지도를 받지 못한 채 졸업한 사례가 있었다. 졸업 후 프로 진출이 좌절되었지만 학업 성취도가 낮아 다른 진로를 찾기 어려웠다.

- **문제점:** 학교 교육의 균형이 무너지고, 운동 이외의 경로가 차단되어 청소년의 **미래 선택권과 자율성**이 침해된다.

⑤ 선수 선발과 평가의 불공정성

청소년 스포츠에서도 선수 선발과 출전 과정에서 **학연, 지연, 금전 거래 등 비공정한 관행**이 발생한다.

- **사례:** 한 고등학교 농구부에서는 특정 지도자가 개인적 친분이 있는 학부모의 자녀를 우선적으로 출전시키고, 성적이 뛰어난 선수는 출전 기회를 제한한 사례가 있었다. 심지어 일부 학부모가 출전료 명목으로 금품을 제공한 사실이 뒤늦게 드러났다.

- **문제점:** 청소년들은 공정성을 배우고 실천해야 할 시기에 오히려 불공정한 시스템 속에서 좌절을 경험하고, 이는 사회적 신뢰 상실로 이어진다.

3) 윤리적 문제 사례가 주는 시사점

① 학생 선수 인권 보호 시스템 강화 필요

위 사례들은 청소년 선수들의 인권 보호 장치가 미흡하며, 현장에서는 여전히 권위주의적 지도 문화가 만연함을 보여준다. 학생 선수 보호를 위한 법제 강화와 독립적인 인권 보호 기구 운영이 시급하다.

② 교육과 스포츠의 조화로운 통합 필요

청소년 선수도 학생임을 인식하고, 학업과 운동이 병행될 수 있도록 학교와 교육 당국이 제도적 장치를 마련해야 한다. 교육 기회를 보장하지 않는 스포츠 시스템은 장기적으로 학생의 삶에 부정적 영향을 끼친다.

③ 공정성과 투명성 강화

선수 선발과 경기 운영에서 공정성과 투명성을 확보하기 위한 규정을 강화하고, 외부 감사와 모니터링을 통해 시스템 전반의 신뢰도를 높여야 한다.

④ 지도자 윤리교육과 자질 강화

지도자들은 윤리교육과 인권교육을 정기적으로 이수하고, 스포츠 교육의 본질이 학생의 전인적 성장에 있음을 인식해야 한다. 지도자의 역할은 성과 창출이 아니라 **건강한 인성과 사회적 가치관을 길러주는 교육자**로서의 정체성이 되어야 한다.

결론

청소년 스포츠는 미래 사회의 인재를 길러내는 공간이지만, 현재 여러 윤리적 문제로 인해 그 순기능이 위협받고 있다. 청소년 스포츠가 공정하고 인권 친화적인 공간이 되기 위해서는 제도적 개선과 함께 현장의 문화가 변화해야 한다. 윤리적 원칙에 기반한 청소년 스포츠 환경 조성은 건강한 스포츠 문화와 정의로운 사회를 실현하는 토대가 될 것이다.

4. 국제 협약과 청소년 스포츠 프로그램

1) 국제 협약의 역할과 중요성

청소년 스포츠는 신체 건강과 인성 함양, 사회적 통합을 촉진하는 중요한 수단이다. 그러나 이러한 기능이 제대로 실현되기 위해서는 **국제적 기준과 규범**이 필요하다. 특히 **아동·청소년의 인권 보호, 공정한 경쟁, 성평등, 차별 금지** 등의 가치가 스포츠에 반영될 수 있도록 **국제 협약과 지침**이 마련되어 있으며, 각국은 이를 준수하고 실천하기 위한 정책을 도입하고 있다.

국제 협약은 청소년 스포츠가 단순한 경기 중심이 아닌 **교육적·사회적 가치를 실현하는 장**이 되도록 방향성을 제시하며, 지속 가능한 발전과 인권 보장을 위한 법적·제도적 기반을 마련한다.

2) 주요 국제 협약과 지침

① 유엔 아동권리협약(UNCRC, 1989)

유엔 아동권리협약은 모든 아동과 청소년이 차별 없이 기본 권리를 보장받아야 한다는 원칙을 제시하며, 스포츠와 관련하여 놀이와 여가의 권리(제31조)를 명시하고 있다.

- 청소년이 스포츠를 포함한 여가 활동에 자유롭게 참여할 권리를 보호하며, 스포츠 참여가 아동의 인권을 침해하거나 착취의 수단이 되지 않도록 규정하고 있다.
- 국가와 단체는 아동이 자유롭고 안전한 환경에서 스포츠에 참여할 수 있도록 **법적 보호와 제도적 지원**을 제공해야 한다.

② 유네스코 국제스포츠반도핑협약(UNESCO International Convention Against Doping in Sport, 2005)

이 협약은 청소년을 포함한 모든 스포츠 참가자가 공정한 경쟁을 보장받고, 도핑으로부터 보호받을 권리를 명시하고 있다.

- 청소년 선수에게 도핑 교육을 강화하고, 조기 예방을 통해 윤리적 스포츠 가치관을 확립하는 것이 핵심이다.
- 각국은 학교와 스포츠 클럽을 중심으로 청소년 대상 반도핑 교육을 실시하고, 청소년의 건강과 윤리를 지키기 위한 프로그램을 개발·운영해야 한다.

③ 국제올림픽위원회(IOC)의 올림픽 아젠다 2020과 올림픽 헌장

IOC는 올림픽 헌장과 '올림픽 아젠다 2020'을 통해 **청소년과 스포츠의 관계 강화**를 강조하고 있다.

- 유소년 올림픽(YOG, Youth Olympic Games)을 개최하여 청소년이 스포츠를 통해 글로벌 리더십과 올림픽 정신을 체득하도록 지원하고 있다.
- 스포츠 교육과 청소년 개발 프로그램을 강화하며, 성평등, 다양성, 인권 보호를 실천하는 청소년 스포츠 환경 조성을 목표로 한다.

④ 카자니 선언(Kazan Action Plan, 2017)

유네스코가 주도한 이 선언은 **포용적이고 공정한 스포츠 환경 조성, 지속 가능한 개발 목표(SDGs)** 달성을 위한 스포츠의 역할을 규정하고 있다.

- 청소년과 여성, 장애인 등 소외계층의 스포츠 참여 보장을 주요 의제로 삼으며, 학교 체육과 지역사회 체육을 통한 사회통합을 촉진한다.
- 각국 정부는 청소년 스포츠 활성화를 위해 정책과 예산을 배정하고, 국제 협력을 통해 글로벌 기준을 충족하는 청소년 스포츠 환경을 마련해야 한다.

3) 국제 청소년 스포츠 프로그램 사례

① IOC 유소년 올림픽(YOG, Youth Olympic Games)

- 14~18세 청소년을 대상으로 한 국제 종합 스포츠 대회로, 단순한 경기 중심이 아닌 교육과 문화 교류, 인성 교육을 병행한다.
- 청소년은 스포츠뿐만 아니라 환경 보호, 반도핑 교육, 인권과 다양성에 대한 토론에 참여하며, 글로벌 스포츠 인재로 성장하는 기회를 얻는다.

② 유네스코 Fit for Life 프로그램

- 청소년의 신체 활동 활성화와 정신 건강 증진, 사회통합을 목표로 한 글로벌 캠페인이다.
- 신체 활동을 통한 건강 증진과 사회적 연결망 형성을 지원하며, 특히 소외 청소년을 위한 스포츠 접근성을 강화하는 데 초점을 맞춘다.

③ Right To Play 국제 NGO

- 전쟁, 빈곤, 질병 등으로 고통받는 청소년을 대상으로 스포츠와 놀이를 통해 심리 회복과 교육을 지원하는 프로그램을 운영한다.
- 스포츠를 통해 리더십과 팀워크를 키우고, 폭력 예방과 아동 인권 교육을 함께 제공하여 지속 가능한 지역사회 발전에 기여한다.

④ FIFA Football for Schools 프로그램
- 학교 체육 교육을 통해 축구의 가치를 전파하고, 청소년의 전인적 성장을 지원하는 글로벌 프로그램이다.
- 축구를 매개로 공정성, 존중, 협력, 책임의 가치를 가르치며, 저개발국 아동과 청소년을 위한 기초 교육과 스포츠 장비 지원을 병행한다.

4) 한국의 청소년 스포츠 관련 국제 프로그램 참여와 현황

① 대한체육회의 국제 협력
- 한국은 IOC, 유네스코 등의 국제 협약에 참여하고 있으며, 유소년 올림픽과 다양한 국제 대회에 청소년 대표팀을 파견하여 글로벌 스포츠 교류를 활성화하고 있다.
- 대한체육회는 '스포츠윤리센터'를 중심으로 청소년 스포츠 인권 보호와 공정한 경쟁 문화를 확산하기 위한 정책을 시행하고 있으며, 반도핑 교육과 청소년 스포츠 인권교육을 정규 과정에 포함하고 있다.

② 스포츠 ODA(공적개발원조) 프로그램
- 개발도상국 청소년을 대상으로 한 스포츠 교육 및 장비 지원 사업을 통해 글로벌 청소년 스포츠 네트워크 확대와 국제 사회 공헌을 실천하고 있다.

5) 향후 과제와 제언

① 국제 기준에 부합하는 청소년 스포츠 정책 강화
- 한국을 포함한 각국은 국제 협약을 바탕으로 청소년 스포츠에 대한 법적 보호 장치를 강화하고, 학교와 지역사회에서 지속 가능한 스포츠 프로그램을 확대해야 한다.

② 인권 중심의 스포츠 환경 조성
- 청소년 선수의 권익 보호와 인권 중심의 교육이 강조되어야 하며, 폭력·도핑·차별을 철저히 예방하는 시스템이 필요하다.

③ 글로벌 스포츠 시민 양성
- 청소년이 글로벌 스포츠 가치(평화, 공정성, 다양성)를 내면화하고, 국제 스포츠 인재로 성장할 수 있도록 교육과 교류 기회를 지속적으로 제공해야 한다.

결론

국제 협약과 청소년 스포츠 프로그램은 인권 보호, 공정한 경쟁, 포용성 증진 등 스포츠 윤리를 실현하는 데 필수적이다. 청소년 스포츠가 글로벌 기준에 부합하고, 지속 가능한 발전 목표를 달성하기 위해서는 국제 협력과 국가적 실천이 병행되어야 하며, 이를 통해 건강하고 정의로운 스포츠 환경이 조성될 수 있다.

5. 청소년 스포츠와 관련된 법과 정책

1) 청소년 스포츠 법과 정책의 중요성

청소년 스포츠는 단순한 신체 활동을 넘어 교육, 사회화, 인성 함양을 위한 필수적인 과정이다. 그러나 최근 승부 지상주의, 인권 침해, 폭력 및 학업 소외 문제가 지속적으로 제기되면서 이를 개선하기 위한 법적·제도적 기반 마련의 필요성이 강조되고 있다. 법과 정책은 청소년 선수 보호와 스포츠의 공정성을 보장하며, 지속 가능한 청소년 스포츠 환경을 구축하는 핵심 수단이다.

2) 한국의 청소년 스포츠 관련 법과 제도

① 국민체육진흥법

한국에서 체육 및 스포츠 전반을 아우르는 기본법으로, 청소년 스포츠에 관한 여러 조항을 포함하고 있다.

- **목적:** 체육 진흥을 통해 국민 건강 증진과 여가 활성화를 도모하고, 청소년 체육 활동의 기회를 확대하기 위함이다.
- **청소년 스포츠 관련 내용:** 학교체육 활성화와 학생 선수 보호에 대한 규정을 명시하고 있으며, 학교체육시설 확충과 안전한 스포츠 환경 조성을 지원한다.

② 학교체육 진흥법(학교체육진흥법안)

학교 내 체육 교육 및 학생 선수 보호를 목적으로 한 특별법(입법 논의 중 또는 일부 시행령 적용 중).

- 학교체육의 체계적 지원과 학생 선수의 학습권 보장, 인권 보호를 규정하고 있다.
- 학생 선수의 학업과 운동을 병행하도록 의무화하며, 운동부 지도자의 인권 교육을 의무화하고 있다.

③ 스포츠혁신위원회 권고안(2019)

체육계의 구조적 폭력과 인권 침해 문제에 대응하기 위해 마련된 정책 권고안.

- **주요 내용:** 엘리트 체육 중심의 학교 스포츠 시스템을 개편하고, 학생 선수의 학습권 및 인권 보호를 최우선으로 하는 정책 전환을 목표로 한다.
- 학습과 운동을 병행하는 '공부하는 운동선수' 양성, 학교운동부의 학사 관리 강화, 학생 선수 폭력 및 인권 침해 시 가중 처벌 등이 포함된다.

④ 스포츠윤리센터 설립 및 운영(2020)

스포츠윤리센터는 학생 선수를 포함한 모든 운동선수의 인권 보호와 스포츠 환경 개선을 위해 설립된 독립기관이다.

- 인권 침해 및 비윤리적 행위(폭력, 성폭력, 갑질 등)에 대한 신고 **접수·조사·처벌 권한**을 보유하며, 피해자 보호와 재발 방지를 위한 정책을 추진한다.
- 청소년 선수 보호와 인권 교육, 스포츠계 인권 침해 실태조사 및 대응 방안을 마련하고 있다.

3) 국제 기준과 연계한 국내 정책 변화

① 유네스코 국제스포츠반도핑협약 준수

- 학생 선수에게 도핑 방지 교육을 시행하고, 도핑 예방을 위한 **청소년 중심 프로그램**이 강화되고 있다.
- 학교체육에서 도핑 교육이 정규 과정으로 편입되어 청소년의 공정 경쟁 문화 조성을 위한 교육적 지원이 이루어지고 있다.

② 아동·청소년 인권 보호를 위한 법제 개선

- 유엔 아동권리협약(UNCRC)에 따른 아동 인권 보호 조항을 국내법에 반영하여 학생 선수 인권 보호를 강화하고 있다.
- 아동복지법, 아동학대처벌법을 통해 학교 운동부에서 발생하는 체벌 및 폭력을 학대 범죄로 규정하고 엄격하게 처벌하고 있다.

4) 청소년 스포츠 정책의 주요 내용과 방향

① 학생 선수 학습권 보장 정책

- 운동과 학업 병행 시스템 구축: 학교에서는 학생 선수의 출결 및 학사 관리 체계를 강화하고, 학교생활기록부에 학업성취 기록을 필수 반영하도록 의무화하고 있다.
- 학생 선수가 프로 진출이나 엘리트 선수가 되지 못할 경우를 대비해 진로교육과 직업 교육 프로그램을 확대하고 있다.

② 학생 선수 인권 보호와 안전 강화 정책

- 운동부 지도자와 코치는 인권 교육 이수 및 윤리 강령 서명을 의무화하고 있으며, 이를 이행하지 않거나 위반 시 자격 정지 및 해임이 가능하다.
- 학교운동부 운영에 대한 **공시제도**를 통해 감독·코치·선수 관리 시스템을 투명하게 공개하고, 외부 감사 및 모니터링을 강화하고 있다.
- 학생 선수의 부상 예방과 건강 관리를 위한 정기적인 건강검진과 스포츠 심리 상담이

의무화되고 있다.

③ 생활체육 활성화와 스포츠 접근성 확대

- 엘리트 체육 중심에서 벗어나 모든 학생이 참여 가능한 생활체육 기반을 확대하여 청소년이 즐기는 스포츠 문화를 조성한다.
- 지역사회 스포츠센터와 학교의 협력을 통해 방과후 체육 프로그램과 청소년 스포츠 교실 운영을 활성화하고 있다.

5) 향후 과제와 제언

① 법과 제도의 실효성 강화

- 청소년 스포츠 관련 법과 제도가 현장에서 제대로 적용되기 위해 정기적인 평가와 실태조사가 필요하다.
- 신고 시스템의 접근성을 높이고, 피해자 보호 프로그램을 체계화하여 실질적인 피해 구제를 가능하게 해야 한다.

② 교육과 윤리 중심의 스포츠 시스템 재구축

- 엘리트 중심의 스포츠 구조를 개선하고, 청소년 스포츠가 교육적 가치와 인권을 중심으로 운영되도록 시스템을 혁신해야 한다.
- 스포츠 지도자의 전문성 향상과 더불어 윤리의식 강화가 필수적이며, 윤리 교육을 교사 양성과정에 포함시켜야 한다.

③ 국제 기준 준수를 통한 글로벌 스포츠 문화 형성

- 유네스코, IOC, 유엔 등의 국제 기준을 반영한 법과 제도를 발전시키고, 한국 청소년 스포츠가 글로벌 스탠다드에 부합하도록 정책을 강화해야 한다.

결론

청소년 스포츠의 지속 가능하고 윤리적인 발전을 위해서는 법과 정책이 현실에 맞게 정비되고 철저하게 실행되어야 한다. 청소년 스포츠가 단순한 성과 중심의 활동을 넘어 교육과 인권을 중시하는 방향으로 나아가기 위해 정부와 스포츠계의 지속적인 노력과 관심이 필요하다. 이를 통해 청소년 스포츠는 건강한 미래 세대를 육성하고, 공정하고 정의로운 스포츠 문화를 만들어가는 기반이 될 것이다.

제8장. 장애인 스포츠와 통합

1. 장애인 스포츠의 중요성과 역사

1) 장애인 스포츠의 중요성

① 신체적·정신적 건강 증진

장애인 스포츠는 신체적 장애로 인해 일상적인 신체 활동이 제한되는 장애인들에게 **신체 기능 향상과 건강 증진**을 제공하는 중요한 역할을 한다.

- 규칙적인 운동은 신체 능력을 강화하고, 심폐 기능 개선과 근력 증진에 도움을 주어 **자립 생활과 일상생활 수행 능력**을 향상시킨다.
- 스포츠를 통해 심리적 안정과 자아 존중감을 높일 수 있으며, **우울증과 고립감 해소**에도 긍정적인 영향을 준다.

② 사회 참여 확대와 통합 촉진

장애인 스포츠는 장애인의 **사회적 소외와 차별을 극복하는 수단**으로, 사회 통합과 포용을 촉진하는 역할을 한다.

- 팀 스포츠를 통해 협력과 소통을 경험하며, 이를 통해 사회적 관계망이 확대되고 사회 참여의 기회가 증대된다.
- 스포츠는 장애인을 **수동적 존재에서 능동적 주체로 변화**시키며, 사회적 인식을 개선하고 편견을 해소하는 계기를 마련한다.

③ 장애인의 권리와 인권 증진

장애인 스포츠는 **인권 보호와 평등 실현의 공간**이다.

- 스포츠 참여를 통해 장애인은 **자기결정권과 평등한 기회**를 누리며, 이는 장애인의 기본권 실현과 직결된다.
- 패럴림픽과 같은 국제대회는 장애인의 권리와 인권 문제를 전 세계에 알리는 중요한 플랫폼이 되고 있다.

④ 역할 모델과 사회적 귀감 제시

장애인 스포츠는 비장애인 사회에 장애에 대한 긍정적 인식을 심어주며, 장애인 선수들은 **도전과 극복의 상징**으로서 사회적 역할 모델이 된다.

- 패럴림픽 스타 선수들은 장애를 넘어선 인간 승리의 상징으로 인식되며, 청소년과 일반 대중에게 영감을 제공한다.

2) 장애인 스포츠의 역사

① 초기 장애인 스포츠의 기원

장애인 스포츠는 전쟁과 의료 재활 과정에서 시작되었다. 특히 제2차 세계대전 이후 전쟁 부상자들의 재활 치료를 위해 스포츠가 활용되면서 본격적인 형태를 갖추게 되었다.

- 1944년 영국 스토크 맨더빌 병원(Stoke Mandeville Hospital)에서 루드윅 구트만 박사는 척수 손상 환자의 재활을 위해 휠체어 농구와 양궁을 시작했다.
- 이 스포츠 프로그램은 재활 목적을 넘어 경쟁과 놀이로 발전하면서 장애인 스포츠의 시초가 되었다.

② 스토크 맨더빌 게임(Stoke Mandeville Games)

- 1948년, 런던 올림픽 개막일에 맞춰 첫 번째 스토크 맨더빌 게임이 개최되었으며, 이는 후일 패럴림픽으로 발전한다.
- 당시에는 척수 손상 장애인만 참여했으나, 점차 다양한 유형의 장애로 참여가 확대되었다.

③ 패럴림픽의 탄생과 발전

- 1960년, 이탈리아 로마에서 최초의 공식 패럴림픽이 개최되며 장애인 스포츠가 국제 무대로 진출했다.
- 이후 패럴림픽은 동·하계 올림픽과 같은 주기에 개최되며, 장애인 스포츠의 대표적인 국제 대회로 자리 잡았다.
- 참가국과 종목이 지속적으로 확대되었으며, 현재는 신체 장애 외에도 시각, 청각 장애 등을 포함한 다양한 장애 유형이 참여하고 있다.

④ 국내 장애인 스포츠 발전

- 한국은 1968년 텔아비브 패럴림픽에 처음 참가하며 장애인 스포츠의 국제 무대에 진출했다.
- 1988년 서울 패럴림픽은 국내 장애인 스포츠 발전의 전환점이 되었으며, 장애인 체육 인프라 확대와 사회 인식 개선을 이끌어냈다.
- 대한장애인체육회는 2005년 설립되어 장애인 스포츠 진흥을 위한 체계적 지원과 정책을 수립하고 있으며, 전국장애인체육대회, 장애학생체육대회 등 다양한 국내 대회를 운영하고 있다.

3) 현대 장애인 스포츠의 발전과 통합의 흐름

① 스포츠의 전문화와 경기력 향상
- 패럴림픽을 포함한 국제대회의 경쟁 수준이 높아지면서 장애인 스포츠의 전문성과 과학적 훈련 시스템이 강화되고 있다.
- 스포츠 과학 기술이 장애인 스포츠에 접목되어 장비와 경기력 향상이 이루어졌으며, 스포츠의 전문성과 경쟁력이 일반 스포츠 수준으로 발전하고 있다.

② 장애인과 비장애인의 통합 스포츠 환경 조성
- 스포츠 통합의 움직임이 활발해지면서 장애인과 비장애인이 함께 참여하는 통합 스포츠 활동이 증가하고 있다.
- 비장애인 스포츠 클럽에 장애인 선수들이 참여하고, 통합 경기와 레크리에이션 프로그램이 확대되고 있으며, 이는 사회 통합과 상호 이해 증진에 기여하고 있다.

③ 다양성과 포용성을 강조하는 국제 트렌드
- IOC와 IPC는 스포츠의 포용성과 인권 증진을 강조하며, 패럴림픽을 포함한 장애인 스포츠 발전에 적극 협력하고 있다.
- 유엔(UN)과 유네스코는 스포츠가 장애인의 권리 실현과 지속 가능한 개발목표(SDGs) 달성의 수단임을 강조하고 있다.

결론

장애인 스포츠는 단순한 신체 활동을 넘어 **장애인의 자립, 인권 증진, 사회 통합을 실현하는 핵심 수단**으로 발전해왔다. 초기 재활 목적에서 출발한 장애인 스포츠는 이제 전 세계가 주목하는 스포츠 이벤트로 자리매김하고 있으며, 장애인과 비장애인의 경계 없는 포용적 스포츠 환경이 확대되고 있다.

앞으로도 장애인 스포츠는 **평등과 포용의 가치를 실현하는 장**으로서 지속적인 발전과 사회적 관심이 필요하다.

2. 장애인 스포츠와 직업 기회

1) 장애인 스포츠와 고용의 연계성

장애인 스포츠는 단순히 건강 증진이나 여가 활동을 넘어서 **장애인의 사회 참여와 경제적 자립을 촉진하는 통로**로 인식되고 있다. 스포츠 활동을 통해 장애인은 자신감을 회복하고 사회적 관계를 넓히며, 이는 직업 세계로 진입하는 데 중요한 발판이 된다. 특히 최근에는 장애인 스포츠가 전문화되고 산업화되면서 **스포츠 관련 직업 기회가 증가**하고 있으며, 이는 장애인의 일자리 창출에 기여하고 있다.

2) 장애인 스포츠 선수로서의 직업 기회

① 엘리트 장애인 선수로서의 전문 직업화

- 장애인 스포츠가 국제 대회와 패럴림픽을 통해 대중화되면서, **엘리트 선수로서의 직업적 기회**가 확대되고 있다.
- 패럴림픽 메달리스트나 세계 챔피언은 국가대표로서 안정적인 지원을 받고 있으며, 국가 차원의 **훈련비, 연금, 장학금** 등 다양한 혜택이 제공된다.
- 일부 선수들은 후원사와 스폰서 계약을 체결해 **광고 모델**이나 기업 홍보대사로 활동하고 있으며, 언론 노출을 통해 인지도를 높여 **사회적 영향력을 확대**하고 있다.

② 체육 지도자와 코치로의 전환 기회

- 선수 경력을 바탕으로 **장애인 스포츠 지도자**로 전환하는 경우가 많다.
- 장애인 체육 지도자는 장애 특성에 맞는 훈련 프로그램과 기술을 가르치며, 점차 **전문성을 인정받는 직업군**으로 자리 잡고 있다.
- 장애인 스포츠 발전에 기여하면서 후배 양성 및 장애인 체육 진흥에 핵심적인 역할을 수행한다.

3) 스포츠 관련 산업에서의 직업 기회

① 스포츠 행정 및 운영 분야

- 장애인 체육회, 패럴림픽 조직위원회, 지역 장애인 체육단체 등에서 **스포츠 행정가, 기획자, 행사 운영 인력**으로 활동할 수 있다.
- 장애인 당사자가 스포츠 정책을 기획하고 운영에 참여함으로써, 장애인의 권익을 적극적으로 반영하는 시스템을 만들 수 있다.

② 스포츠 과학과 재활 분야 전문가

- 스포츠 재활 트레이너, 물리치료사, 운동처방사 등으로 진출하여 장애인 선수의 재활

과 체력 관리를 지원하는 직업 기회가 존재한다.
- 장애인 선수의 신체적 특성에 맞는 훈련과 재활을 담당하며, **스포츠 의학 분야 전문가**로 활동할 수 있다.

③ 장애인 스포츠용품 개발 및 기술 분야

- 보조기기와 스포츠 장비(휠체어, 의족 등)를 개발하고 제조하는 분야에서 기술자, 연구개발 전문가, 마케팅 담당자로 일할 수 있다.
- 장애인의 요구를 정확히 반영할 수 있는 장애인 당사자가 제품 개발에 참여하면, 제품 품질 향상과 사용자 만족도를 높일 수 있다.

4) 미디어와 문화 콘텐츠 분야에서의 기회

① 스포츠 기자 및 방송 해설가

- 패럴림픽이나 장애인 체육 관련 뉴스를 전문적으로 다루는 **스포츠 전문 기자나 해설가**로 활동할 수 있다.
- 장애인 스포츠의 전문성과 이해도가 높은 장애인 당사자가 미디어에 참여할 경우, **정확한 정보 제공과 인식 개선**에 기여할 수 있다.

② 강연자와 인플루언서

- 패럴림픽 출전 경험이나 장애 극복 스토리를 바탕으로 **동기부여 강연자, 작가, 유튜버**로 활동하는 경우도 많다.
- 장애인 스포츠 선수는 **사회적 롤모델**로서 청소년과 기업 등을 대상으로 동기부여 강연을 진행하거나 SNS를 통해 콘텐츠 제작자로 활약하며 수익을 창출한다.

5) 직업 기회 확대를 위한 제도와 정책

① 장애인 체육 지도자 양성 제도 강화

- 한국은 **장애인 체육 지도자 자격증 제도**를 운영하여, 전문 인력 양성과 직업 기회를 확대하고 있다.
- 대한장애인체육회는 매년 장애인 체육 지도자 연수를 통해 지도 역량을 강화하고 있으며, 장애인 당사자도 적극적으로 참여하고 있다.

② 스포츠 관련 직업 교육과 훈련 지원

- 스포츠 직업 관련 **직업훈련센터**와 교육기관을 통해 장애인을 위한 맞춤형 교육과 직업훈련을 제공하고 있다.
- 직업교육훈련 과정에서 장애인 스포츠에 대한 이론과 실무를 체계적으로 학습할 수 있도록 **장애 친화적 커리큘럼**을 운영하고 있다.

③ 장애인 고용 장려와 인센티브 제공

- 장애인 고용 촉진을 위해 기업과 스포츠 기관에 **고용 인센티브**를 제공하고 있으며, 공공기관 채용 시 장애인 스포츠 경력자를 우대하고 있다.
- 스포츠 현장에서 장애인 고용이 확대될 수 있도록 **공공 스포츠시설과 클럽의 장애인 직원 채용 의무화**도 추진 중이다.

6) 향후 과제와 전망

① 장애인 스포츠 직업 다양성 확대

- 기존의 엘리트 선수나 코치 중심에서 벗어나 **행정, 연구, 기술개발, 콘텐츠 분야 등 다양한 영역**으로 장애인 스포츠 직업을 확대해야 한다.
- 장애인 당사자가 **스포츠 의사결정 과정에 참여**하여 정책 수립과 산업 발전에 기여할 수 있도록 권한을 부여해야 한다.

② 지속 가능한 직업 환경 조성

- 장애인 스포츠 직업의 안정성과 지속 가능성을 높이기 위해 **근로 환경 개선, 사회보장 강화, 직업 교육 기회 확대**가 필요하다.
- 스포츠 산업 전반에 걸쳐 **장애 인식 개선 교육과 캠페인**을 강화하여 장애인 채용에 대한 편견을 해소하고, 포용적 고용 문화를 조성해야 한다.

결론

장애인 스포츠는 단순한 여가나 재활을 넘어, 경제적 자립과 직업 기회를 확대하는 강력한 수단이 되고 있다. 장애인 선수와 관련 종사자들은 스포츠 산업 내 다양한 직업군에서 역량을 발휘하고 있으며, 이는 장애인의 사회 참여와 경제적 독립을 실현하는 데 중요한 역할을 하고 있다. 앞으로 장애인 스포츠와 직업의 연결고리를 더욱 강화하여, 모두가 공존하고 성장하는 스포츠 산업 생태계를 구축해야 할 것이다.

3. 장애인 스포츠에서의 포용과 통합 과제

1) 장애인 스포츠에서의 포용과 통합의 의미

① 포용(Inclusion)과 통합(Integration)의 개념

- **포용(Inclusion):** 장애인과 비장애인이 차별 없이 동등한 환경에서 스포츠에 참여할 수 있도록 하는 것.
- **통합(Integration):** 장애인과 비장애인이 함께 어울려 스포츠를 즐기고, 사회적 장벽 없이 협력할 수 있도록 하는 과정.

② 장애인 스포츠의 포용과 통합이 중요한 이유

- 스포츠는 신체적 건강 증진뿐만 아니라 **사회적 상호작용과 공동체 형성**에 기여하는 중요한 활동이다.
- 장애인이 스포츠를 통해 **사회 구성원으로서의 동등한 권리를 누리고, 차별 없이 참여**할 수 있도록 해야 한다.
- 장애인 스포츠의 포용과 통합은 단순한 참여 확대가 아니라 **장애에 대한 사회적 인식 개선과 평등한 환경 조성**을 의미한다.

2) 장애인 스포츠에서의 주요 통합 과제

① 물리적 접근성 확대: 스포츠 시설과 장비 개선

많은 장애인 스포츠 선수와 생활 체육인들이 시설 부족과 접근성 문제로 인해 스포츠 활동에 제약을 받는다.

해결 과제:
- 공공 스포츠 시설의 무장애(Barrier-free) 환경 구축
- 장애인 전용 체육관 확충 및 기존 시설의 접근성 개선
- 휠체어 농구, 장애인 육상 등 다양한 종목의 맞춤형 장비 지원 확대

② 장애인과 비장애인의 통합 스포츠 프로그램 확대

장애인 스포츠가 주로 장애인 선수만을 위한 경기로 운영되는 경우가 많아, 비장애인과의 교류 기회가 적다.

해결 과제:
- 장애인과 비장애인이 함께하는 **통합 스포츠 리그 및 대회 운영**
- 학교 및 지역사회에서 **포용적 체육 교육 프로그램 도입**
- 기업 및 공공기관의 장애인 스포츠 참여 장려 정책 시행

③ 장애인 스포츠 교육 및 지도자 양성

장애인 스포츠를 전문적으로 지도할 수 있는 **전문 코치와 지도자가 부족**한 상황이다.

해결 과제:
- 장애인 체육 지도자 양성 프로그램 확대
- 체육 교사 및 일반 지도자에게 **장애인 스포츠 교육 필수 과정 도입**
- 장애인 선수 출신이 지도자로 성장할 수 있도록 지원 체계 구축

④ 장애인 스포츠에 대한 사회적 인식 개선

장애인 스포츠에 대한 사회적 관심이 부족하고, 일부에서는 여전히 동정적 시각으로 바라보는 경향이 있다.

해결 과제:
- 장애인 스포츠 홍보 강화(미디어, SNS, 다큐멘터리 등)
- 장애인 스포츠 대회 생중계 확대 및 스폰서 유치 활성화
- 패럴림픽 및 장애인 스포츠 스타를 활용한 홍보 캠페인 진행

⑤ 법적·제도적 지원 강화

장애인 스포츠 지원 예산이 부족하고, 법적 보호 체계가 미비한 경우가 많다.

해결 과제:
- 장애인 스포츠 진흥법 강화 및 실효성 있는 시행 규정 마련
- 장애인 선수의 경기력 향상을 위한 **장애인 국가대표 육성 프로그램 지원 확대**
- 장애인 스포츠 단체 및 비영리 기관의 지속적인 운영을 위한 정부 및 민간 지원 확대

3) 국제적 사례와 시사점

① 영국: 통합 스포츠 시스템 구축

- 영국은 장애인과 비장애인이 함께 참여하는 "유니버설 스포츠 프로그램(Universal Sports Program)"을 운영하며, **장애인 선수들이 주류 스포츠 리그에 자연스럽게 통합될 수 있도록 지원**하고 있다.
- 이를 통해 장애인 스포츠의 독립성을 유지하면서도 **사회적 통합을 촉진하는 모델**을 구축했다.

② 미국: 장애인 체육 법제화 및 대학 스포츠 지원

- 미국은 장애인 스포츠 참가를 **법적으로 보장하는 제도를 마련**하고 있으며, 일부 대학

에서는 장애인 스포츠 장학금을 제공하여 **엘리트 장애인 선수 육성에도 힘쓰고 있다.**
- 장애인 학생들이 **학교 체육 활동에 자연스럽게 참여할 수 있도록 제도적 지원**이 잘 마련되어 있다.

③ 일본: 장애인 스포츠 인프라 확대

- 일본은 2020 도쿄 패럴림픽을 계기로 **장애인 스포츠 시설 확충과 사회적 인식 개선 캠페인을 대대적으로 시행**했다.
- 현재 일본 내 장애인 스포츠 참여율은 지속적으로 증가하고 있으며, 특히 생활체육과 직장 내 장애인 스포츠 활동이 활발하게 운영되고 있다.

4) 한국 장애인 스포츠 포용과 통합을 위한 향후 과제

① 통합 스포츠 프로그램 확대

- 장애인과 비장애인이 함께할 수 있는 스포츠 프로그램을 더욱 활성화하고, **학교 체육 과정에서 장애인 학생과 비장애인 학생이 함께하는 통합 체육 수업을 정착**시켜야 한다.

② 장애인 스포츠 교육 및 전문 지도자 양성

- 장애인 스포츠 지도자 양성과정과 체육 교사 대상 **장애인 스포츠 교육 필수 과정 도입**이 필요하다.
- 장애인 선수 출신들이 은퇴 후 지도자로 전환할 수 있도록 **지도자 양성 지원 정책**을 강화해야 한다.

③ 장애인 스포츠에 대한 인식 개선 캠페인 강화

- 미디어를 활용하여 장애인 스포츠의 가치를 알리고, 장애인 선수들의 스토리를 적극적으로 조명하는 것이 필요하다.
- 기업과 공공기관에서 장애인 스포츠 후원 및 지원을 확대하도록 장려해야 한다.

④ 법적·제도적 개선과 지원 확대

- 장애인 스포츠 진흥법 개정을 통해 **예산 지원을 확대하고,** 장애인 스포츠 시설 접근성을 높이기 위한 법적 의무를 강화해야 한다.
- 장애인 선수들이 훈련과 경기 외에도 안정적인 생활을 할 수 있도록 **사회적 안전망과 직업 연계 지원 정책**을 마련해야 한다.

결론

장애인 스포츠에서의 포용과 통합은 단순히 스포츠 참여 기회를 제공하는 것이 아니라, 장애인이 동등한 사회 구성원으로 자리 잡을 수 있도록 하는 핵심적인 과정이다. 이를 실현하기 위해서는 장애인과 비장애인이 함께하는 스포츠 환경 조성, 물리적·사회적 접근성 개선, 지도자 양성, 법적 지원 강화등이 필요하다. 장애인 스포츠의 지속적 발전과 사회적 통합을 위해서는 정부, 기업, 지역사회가 협력하여 장애인 스포츠가 일상 속에서 자연스럽게 자리 잡을 수 있도록 노력해야 한다.

제9장. 기술 발전과 스포츠윤리

1. 스포츠 기술 발전이 공정성에 미치는 영향

1) 스포츠 기술 발전의 개념과 현황

스포츠 기술은 운동선수의 경기력 향상과 경기 운영의 효율성 및 관람의 편의성을 높이기 위해 발전해왔다. 웨어러블 장비, 데이터 분석 시스템, 심판 보조 기술, 고성능 스포츠 장비 등은 현대 스포츠에서 흔히 접할 수 있는 기술적 진보의 결과이다.

대표적인 예로는 비디오 판독 시스템(VAR), 골라인 기술, 첨단 유니폼 소재, 생체역학 분석 장비 등이 있으며, 이러한 기술은 선수의 기록 향상과 경기의 정확성을 높이는 데 기여하고 있다. 하지만 기술이 스포츠 전반에 도입되면서 공정성(Fairness) 이라는 스포츠의 기본 원칙이 도전에 직면하게 되었다.

2) 스포츠 기술 발전이 공정성에 미치는 긍정적 영향

① 판정의 객관성과 정확성 향상

기술은 심판의 오심을 줄이고 경기의 판정 정확성을 높여 **공정한 경기 운영**에 기여하고 있다.

- VAR(비디오 어시스턴트 레프리) 와 **골라인 기술**은 축구에서 오심을 방지하고, 경기의 신뢰도를 향상시켰다.
- 테니스의 **호크아이 시스템**은 인/아웃 판정을 정확하게 판단해 선수 간 분쟁을 최소화하고 있다.

② 선수 보호와 부상 예방

스포츠 기술은 선수의 몸 상태를 실시간으로 모니터링하고, **부상 위험을 사전에 감지**하여 안전한 경기 환경을 제공한다.

- 웨어러블 센서와 스마트 슈트는 선수의 신체 데이터를 수집·분석하여 최적의 경기력을 유지하도록 돕고 있으며, 이는 선수의 건강 보호와 경기 지속성을 높인다.

③ 평등한 기회 제공

특히 장애인 스포츠에서 기술 발전은 평등한 참여를 지원한다.

- 고성능 의족, 휠체어, 시각 보조 장치 등은 장애인의 경기 참여를 가능하게 하고, **장애-비장애인 간 기회의 불평등을 완화**하는 역할을 하고 있다.

3) 스포츠 기술 발전이 초래하는 공정성 논란과 문제점

① 기술 접근성의 불균형

스포츠 기술은 대부분 고가의 장비와 시스템으로 이루어져 있으며, 이를 누구나 공평하게 사용할 수 있는 것은 아니다.

- 경제력이 풍부한 국가나 구단은 최신 기술을 적극 활용할 수 있지만, 저개발국이나 자금력이 부족한 팀은 기술 도입이 어려워 **선수 간, 팀 간 불평등이 심화**된다.
- 이는 경기력 차이뿐 아니라 승패 결과에도 영향을 미쳐 스포츠의 공정한 경쟁을 저해할 수 있다.

② 인체 능력 보조 기술의 논란

첨단 장비가 선수의 경기력을 인위적으로 향상시키는 경우, 그것이 공정한 경쟁인가에 대한 논란이 있다.

- 육상에서 탄소 섬유가 적용된 **초경량 스파이크화**나, 수영에서 기록 단축을 돕는 고성능 수영복(레이저 레이서)은 **일부 선수만 사용 가능**해 형평성 문제가 제기되었다.
- 장애인 스포츠에서의 **첨단 의족**(예: 블레이드 러너 의족)이 경기력을 향상시켜, 기존 기록과의 비교나 공정한 경쟁에 대한 기준을 모호하게 만들기도 한다.

③ 심판의 권위 약화와 판정 의존성

비디오 판독 시스템 등 심판 보조 기술이 **결정권을 기술에 넘기게 되면서 심판의 권위가 약화**되고 있다.

- 경기 중 모든 판정이 기술에 의존할 경우, 심판의 주관적 판단과 경험이 배제되면서 오히려 경기의 긴장감과 흥미가 감소할 수 있다.
- 판독 기술의 과잉 의존으로 경기가 빈번하게 중단되어 경기 흐름이 끊기는 부작용도 발생하고 있다.

4) 공정성 확보를 위한 과제와 윤리적 고려사항

① 기술 접근성의 평등화

기술이 스포츠 현장에 도입될 경우, **모든 선수와 팀이 동등하게 접근할 수 있도록 국제 스포츠 기구와 각국 스포츠 단체가 지원을 강화**해야 한다.

- FIFA, IOC 등 국제 스포츠 기구는 기술 사용의 기준을 명확히 설정하고, 저개발국에 대한 기술 지원 프로그램을 마련하여 공정한 경쟁 환경을 조성해야 한다.

② 기술의 윤리적 한계 설정

첨단 기술이 인체 능력을 인위적으로 초월할 경우, 스포츠가 추구하는 **인간 능력의 한계에 대한 도전 정신**이 훼손될 수 있다.

- **기술이 어느 수준까지 허용되어야 하는가**에 대한 윤리적 논의가 필요하며, 이를 기준으로 한 명확한 규정을 마련해야 한다.
- 예를 들어, 의족이나 고성능 신발 등 장비가 경기력에 미치는 영향을 평가하고, 경기 참여 기준을 구체화할 필요가 있다.

③ 심판 기술 보조의 적절성 유지

심판 보조 기술은 오심을 줄이기 위한 수단이지, 심판을 대체하는 것이 아님을 명확히 해야 한다.

- 심판이 최종 권한과 책임을 갖되, 기술은 판단을 돕는 보조 도구로서 한정적으로 사용해야 하며, 기술의 남용을 방지하는 운영 가이드라인이 필요하다.

결론

스포츠 기술 발전은 경기의 정확성과 안전을 높이고 선수의 역량을 극대화하는 긍정적 역할을 하고 있지만, **공정성의 원칙이 위협받는 문제점도 함께 동반하고 있다.** 기술 발전이 스포츠윤리의 기본 가치인 공정성, 평등, 스포츠맨십과 조화를 이루기 위해서는 지속적인 윤리적 논의와 합리적인 규제 마련이 필수적이다.

앞으로 스포츠 기술의 발전이 모든 선수와 팀에게 동등한 기회를 제공하고, 진정한 스포츠 정신을 지키는 방향으로 이어지기 위해 국제 사회와 스포츠 커뮤니티의 지속적인 관심과 노력이 요구된다.

2. 기술 사용에 따른 윤리적·법적 쟁점

1) 스포츠 기술 발전과 윤리·법적 논쟁의 부상

현대 스포츠는 첨단 기술의 발전과 함께 급격한 변화를 겪고 있다. 경기력 향상, 판정의 정확성 증대, 선수 안전 관리 등을 목표로 한 기술 도입은 스포츠의 새로운 패러다임을 열었지만, 동시에 윤리적·법적 논쟁을 불러일으키고 있다.

기술이 인간의 한계를 뛰어넘는 수단이 될 때, 우리는 "어디까지 허용할 것인가?", "공정성과 평등의 가치는 어떻게 보장할 것인가?"하는 근본적 질문에 직면한다. 또한 기술 사용과 관련된 법적 규제와 국제 스포츠 규범은 아직 명확하게 정립되지 않은 경우가 많아 지속적인 논의가 필요하다.

2) 윤리적 쟁점

① 인체 능력 강화 기술의 한계와 윤리

스포츠에서 기술은 선수의 경기력을 지원하는 수단으로 활용되지만, 인체 능력을 인위적으로 강화하는 기술이 등장하면서 윤리적 논란이 심화되고 있다.

- 첨단 보조기구(의족, 의수, 외골격 로봇 등)가 경기력을 지나치게 증강시키는 경우, 기술이 아닌 인간의 능력으로서 경기 결과를 판단할 수 있는가? 에 대한 논의가 필요하다.
- 예시: 패럴림픽 육상 선수의 탄소 섬유 의족은 비장애인 선수의 경기력과 비교해도 차이가 적거나 오히려 유리하다는 지적이 제기된다. 이에 대한 **경기 참가 기준의 명확성 부재**가 문제로 떠오른다.

② 기술에 대한 평등한 접근성과 기회의 불균형

첨단 장비나 데이터 분석 시스템은 대부분 고가로, 자본력이 있는 팀과 그렇지 않은 팀 간의 **불평등을 심화**시킨다.

- 일부 국가나 팀은 최신 기술을 도입해 **우위를 점할 수 있는 반면**, 그렇지 않은 팀은 기술 격차로 인해 경쟁에서 불리한 위치에 놓인다.
- 이러한 상황은 스포츠의 근본 가치인 평등한 기회(Fair Play)를 침해하는 윤리적 문제를 야기한다.

③ 심판 보조 기술의 남용과 스포츠 정신 훼손

VAR, 호크아이, 골라인 기술 등의 판독 기술은 오심을 줄이지만, 지나친 기술 의존은 경기 흐름을 방해하고 심판의 권위와 판단력을 약화시킬 수 있다.

- 스포츠의 본질인 **즉흥성과 인간성**이 약화되고, 결과만을 중시하는 풍조가 스포츠의 감동과 인간 드라마를 훼손할 수 있다는 우려가 있다.

3) 법적 쟁점

① 기술 도입 기준과 규제의 미비

기술이 경기력에 미치는 영향에 대한 기준과 규제가 명확하지 않다는 점이 주요 법적 문제다.

- 국제 스포츠 연맹 및 IOC는 특정 장비와 기술에 대해 사용을 제한하거나 금지하지만, 그 기준이 모호하거나 **일관성이 부족**하다는 지적이 있다.
- 예시: 수영에서 '레이저 레이서' 수영복이 기록 단축에 기여한다는 이유로 사용이 금지되었지만, 기준의 명확성과 적용 시점 등에 대한 혼란이 발생했다.

② 퍼블리시티권과 개인정보 보호 문제

웨어러블 디바이스와 바이오 센서 등을 통해 수집되는 **선수의 생체 정보와 경기 데이터**는 개인 정보 보호와 관련된 법적 논쟁을 야기한다.

- 선수의 동의 없이 정보가 수집·활용되거나, 스폰서나 제3자에게 제공될 경우 **개인정보보호법 위반**이 발생할 수 있다.
- 또한, 선수의 건강 정보가 외부에 공개될 경우 **차별**이나 **불이익**으로 이어질 가능성도 있다.

③ 특허권과 장비 사용의 공정성 문제

스포츠 기술과 장비의 특허권 소유가 특정 기업이나 팀에게만 기술을 제공하는 독점 형태가 되면서, **기술 독점과 불공정 거래 문제**가 발생한다.

- 특정 브랜드가 독점적으로 기술을 보유하고, 일부 팀에만 제공하는 경우, 이는 **경쟁의 공정성**을 침해하는 법적 논쟁으로 이어질 수 있다.
- 국제 스포츠 기구는 이러한 기술 독점을 방지하기 위한 규정을 마련하고 있지만, 실행에 어려움이 많다.

④ 도핑과 기술 도핑의 경계 불분명

기술 발전으로 인한 **기술 도핑(Techno-Doping)**개념이 새롭게 부각되고 있다.

- 기존 도핑은 약물과 화학적 물질을 통한 신체 능력 향상이었지만, 이제는 기술을 통한 **인체 보조장비나 생체 강화 기술**도 공정성 침해의 주요 요소가 되고 있다.
- 그러나 **기술 도핑을 규제하는 법적 기준이 명확하지 않아**, 국제스포츠기구의 가이드라인에 의존하고 있는 상황이다.

4) 해결 방안과 향후 과제

① 윤리적 기준 수립과 국제 규범 정립

- 스포츠 기술 도입에 대한 **윤리적 가이드라인**을 마련하고, 기술이 스포츠 정신과 조화를 이루도록 국제 스포츠 기구와 각국이 협력해야 한다.
- 기술 사용이 선수의 **인간성, 공정성, 평등성**을 저해하지 않도록 하는 규범이 필요하다.

② 법적 규제와 기준 명확화

- IOC, FIFA 등 주요 스포츠 기구는 **기술 도입 및 사용 기준을 명문화**하고, 기술 도입 시 **공정성 평가와 윤리적 검토**를 의무화해야 한다.
- 개인정보 보호법과 기술 특허 관련 법을 스포츠에 특화해 **개인 정보와 기술 사용에 대한 법적 보호 체계**를 강화할 필요가 있다.

③ 기술 접근성의 형평성 확보

- 기술 격차로 인한 불공정을 줄이기 위해 **기술 지원 프로그램**을 운영하고, 국제기구가 저소득 국가와 팀에 **기술 장비와 교육**을 지원하는 시스템이 필요하다.

결론

스포츠 기술은 발전을 거듭하면서 경기의 질과 선수 보호에 기여하고 있지만, 공정성과 윤리성을 위협하는 새로운 문제를 낳고 있다. 기술 사용에 대한 윤리적·법적 기준을 명확히 하고, 스포츠의 본질과 정신을 지키기 위한 노력이 필요하다. 앞으로 스포츠 기술은 인간의 능력을 존중하고, 공정하고 정의로운 스포츠 환경을 유지하는 방향으로 발전해야 한다.

3. 비디오 판독과 심판의 역할 변화

1) 비디오 판독 기술의 도입 배경과 발전

스포츠 경기에서 공정한 판정은 경기의 승패뿐만 아니라 선수의 커리어, 팬의 신뢰도, 스포츠 자체의 공정성을 좌우하는 핵심 요소다. 그러나 인간 심판의 한계로 인해 오심이나 논란이 빈번하게 발생했다. 이러한 문제를 해결하고자 등장한 것이 바로 **비디오 판독**(Video Review, VAR, Instant Replay)시스템이다.

비디오 판독은 처음에는 테니스와 미식축구 등 일부 종목에서 제한적으로 도입되었지만, 기술이 발전하면서 축구, 야구, 농구 등 다양한 종목에 확대 적용되고 있다. 이 기술은 **카메라, 센서, 데이터 분석 기술**을 통해 심판의 판정을 돕거나 대체하는 기능을 수행한다.

2) 비디오 판독 도입의 긍정적 영향

① 판정의 정확성과 공정성 향상

- 비디오 판독은 심판의 **육안 판정이 어려운 상황**에서 경기 장면을 다양한 각도와 속도로 재검토할 수 있도록 하여 오심을 줄인다.
- 축구의 **VAR(비디오 어시스턴트 레프리)**, 테니스의 **호크아이(Hawk-Eye)시스템**은 경기의 공정성을 크게 높였으며, 심판에 대한 팬과 선수의 신뢰를 강화하는 데 기여하고 있다.

② 경기 결과에 대한 신뢰성 제고

- 팬과 선수 모두 판정 결과에 대한 **투명성과 수용성**이 높아졌다.
- 비디오 판독은 객관적인 기술적 데이터에 기반하기 때문에 심판 판정이 공정하다는 인식을 확산시켜 **스포츠의 신뢰성 회복**에 도움이 되고 있다.

③ 심판의 부담 경감

- 심판은 경기 중 실시간으로 모든 상황을 완벽하게 판정하는 데 한계가 있다. 비디오 판독은 이러한 부담을 덜어주며, 심판이 보다 **정확하고 신중하게 판정할 수 있는 여건**을 제공한다.

3) 심판의 역할 변화와 새로운 도전 과제

① 심판의 권위와 자율성 약화

- 비디오 판독의 도입으로 심판의 **최종 결정권이 기술 시스템에 의해 제한**되는 경우가 많아졌다.
- 기존에는 심판이 경기의 절대적 권위자였지만, 이제는 **보조적 기능을 수행하거나 기술에 의존하는 경향**이 강해졌다.
- 일부에서는 심판이 기술 시스템의 **관리자 또는 전달자 역할**로 축소되고 있다는 우려가 제기된다.

② 경기 흐름 중단과 몰입도 저하

- 비디오 판독 과정에서 경기가 중단되거나 지연되면서 **경기 흐름이 깨지고 몰입도가 떨어질 수 있다.**
- 특히 축구와 같은 흐름이 중요한 스포츠에서는 판독 요청과 심판 판정이 **경기의 역동성과 긴장감을 감소시키는 요인**으로 작용할 수 있다.

③ 심판의 판정 기준 모호화와 논란 지속

- 비디오 판독이 심판의 주관적 판단을 보완하지만, 여전히 판정 기준이 **명확하지 않거나 판독 결과에 대한 해석이 다양**해 논란이 발생한다.
- 예를 들어, 축구 VAR 판독 후에도 핸드볼이나 오프사이드 상황에 대한 판정 논란은 여전히 존재하며, **기술이 모든 논쟁을 해결하지 못한다는 한계**가 있다.

4) 비디오 판독 기술과 심판 역할 변화에 따른 윤리적·제도적 과제

① 심판의 전문성 강화와 기술 활용 역량 개발

- 심판은 비디오 판독 기술에 대한 **이해와 숙련된 운용 능력**을 갖춰야 하며, 기술과 규정이 끊임없이 업데이트되는 상황에서 **지속적인 교육과 연수가 필요**하다.
- 심판의 **객관성, 중립성, 윤리성**을 강화하고, 기술 판독 결과를 정확하게 해석하고 반영할 수 있는 역량이 요구된다.

② 심판 권한의 재설정과 역할 분담

- 심판과 비디오 판독 시스템 간 **역할과 권한을 명확히 규정**해야 한다.
- 최종 판정 권한이 누구에게 있는지, 비디오 판독의 활용 범위와 한계는 어디까지인지를 **명확히 규정**함으로써 혼란과 논란을 최소화해야 한다.

③ 팬과 선수에 대한 판정 과정 투명성 확보
- 판정 과정과 결과에 대한 **투명한 설명과 정보 공개**가 필요하다.
- 일부 스포츠(예: 럭비, 미식축구 등)에서는 심판이 판정 이유를 **마이크를 통해 실시간으로 관중과 선수에게 설명**하는 방식이 도입되어 긍정적인 평가를 받고 있다.

5) 향후 전망과 개선 방향

① 기술과 인간 심판의 조화로운 공존
- 비디오 판독은 심판의 보조 수단이지 대체자가 아니며, **인간 심판의 직관과 경험이 여전히 중요하다**는 인식이 필요하다.
- 기술과 심판이 **상호 보완적인 역할**을 수행할 수 있도록 제도를 정비하고, 기술 남용을 방지하는 **운영 원칙을 마련**해야 한다.

② 심판 판정의 일관성과 신뢰성 확보
- 국제 스포츠 기구는 판정 기준과 절차를 **세계적으로 통일**하고, 비디오 판독 기술과 심판 판정의 **일관성을 높이기 위한 교육과 규정 강화**가 필요하다.
- **팬 경험 개선과 기술의 발전**
- 향후 비디오 판독 시스템은 더 **빠르고 정확하게 발전**할 것이며, 경기 흐름을 방해하지 않으면서 공정성을 높이는 방향으로 기술이 진화할 것이다.
- 관중이 판정 과정을 함께 이해하고 수용할 수 있도록 **직관적인 판정 시스템과 정보 제공**이 중요하다.

결론

비디오 판독 기술은 스포츠의 공정성과 정확성을 높이면서 심판의 부담을 경감시키는 긍정적 효과를 가져왔다. 그러나 심판의 권위와 역할 변화, 경기 흐름 방해 등의 문제는 여전히 해결해야 할 과제다. 기술과 인간 심판의 균형과 조화를 이루기 위한 윤리적·제도적 논의가 필요하며, 궁극적으로는 스포츠의 공정성과 감동을 유지하면서 기술을 적절하게 활용하는 방향으로 나아가야 한다.

4부. 스포츠윤리의 교육과 미래

스포츠윤리의 교육과 미래

제10장. 스포츠윤리와 도덕 교육

1. 스포츠가 도덕 교육에 미치는 영향

1) 스포츠와 도덕 교육의 관계

스포츠는 신체적 활동을 넘어 **사회적 가치와 도덕적 덕목**을 함양하는 교육적 수단으로 기능한다. 인간의 도덕성은 타인과의 관계 속에서 형성되고 발전하는데, 스포츠는 이러한 관계의 장을 제공하며 **공정성, 책임감, 존중, 협력, 배려 등 도덕 교육의 핵심 가치**를 실제 경험을 통해 체득하게 한다.

특히 청소년기와 같은 가치관이 형성되는 시기에는 스포츠가 **도덕적 사고 능력과 사회적 행동 규범**을 내면화시키는 데 중요한 역할을 한다.

2) 스포츠가 도덕 교육에 긍정적 영향을 미치는 요소

① 공정성과 정의의 실천 학습

스포츠는 엄격한 규칙과 공정한 경쟁을 기반으로 운영된다. 선수들은 경기 규칙을 준수하고, 승리를 위해 편법이나 불법을 사용하지 않는 **페어플레이(Fair Play)** 정신을 배우게 된다.

- 승리뿐 아니라 패배를 받아들이고, 정당한 결과를 인정하는 경험은 **정의와 공정성**의 중요성을 깨닫게 한다.
- 심판의 판정을 존중하고 상대를 존중하는 태도는 법과 질서를 지키는 **시민적 가치**로 확장된다.

② 협력과 팀워크를 통한 공동체 의식 강화

스포츠는 혼자서 이뤄낼 수 없는 성과를 경험하게 하며, 팀 스포츠에서는 특히 **협동과 배려, 타인에 대한 존중**을 필수적으로 요구한다.

- 팀의 목표를 달성하기 위해 개인의 욕심을 내려놓고 팀원과 협력하는 과정은 **공동체 윤리**를 배우는 교육적 경험이 된다.
- 이는 사회생활에서 타인과 더불어 살아가는 기술과 **협동적 태도**를 키우는 데 기여한다.

③ 책임감과 자기절제력 함양

스포츠에서의 훈련과 경기는 규칙적인 생활과 꾸준한 노력, 그리고 자기 통제가 필수적이다.

- 정해진 시간에 훈련을 지속하고, 규칙을 지키며 자신의 역할을 충실히 수행하는 경험은 **책임감과 자기 절제력을 기르는 과정**이 된다.
- 특히 패배의 원인을 남 탓이 아닌 자신에게서 찾고 개선하는 태도는 자기 성찰 능력과 자율성을 키워준다.

④ 존중과 배려의 가치 내면화

경기 상대는 경쟁자이지만 동시에 함께 스포츠를 만들어가는 **동반자**이다. 스포츠는 상대방을 배려하고 존중하는 문화를 강조하며, 이는 인간관계에서 필수적인 **타인 존중과 배려**의 덕목으로 이어진다.

- 승자와 패자가 서로 악수하거나 상대의 부상을 걱정하는 장면은 스포츠가 지향하는 인간 존엄성의 실천을 보여준다.

3) 스포츠가 도덕 교육에 미치는 부정적 영향과 한계

① 승부 지상주의와 결과 중심 사고

현대 스포츠는 상업화와 경쟁 심화로 인해 **승리만을 중시하는 문화**가 자리 잡기도 한다.

- 지나친 경쟁과 성과 중심 교육은 협력보다는 경쟁, 규칙 준수보다는 편법과 반칙을 유도할 위험이 있으며, 이는 **도덕 교육의 본질적 가치를 훼손**시킬 수 있다.
- 청소년 스포츠 현장에서 발생하는 **폭력, 비리, 승부 조작 문제**는 스포츠의 도덕 교육 기능이 왜곡될 수 있음을 보여준다.

② 엘리트 중심 교육과 소외 현상

엘리트 선수 육성에 집중하는 스포츠 시스템은 **일반 학생과 약자의 소외**를 초래하며, 모두가 동등하게 스포츠를 통해 도덕 교육을 받을 기회를 제한할 수 있다.

- 소수의 우수한 선수만을 위한 프로그램은 **포용성과 평등**의 가치를 저해하며, 스포츠 교육 본연의 목적을 약화시킬 수 있다.

4) 스포츠를 통한 도덕 교육의 효과적 실현 방안

① 참여 중심의 스포츠 교육 강화

모든 학생이 참여할 수 있는 생활체육 프로그램과 전인적 체육 교육을 강화하여, 스포츠가 특정인의 전유물이 아닌 공동의 경험과 배움의 장이 되도록 해야 한다.

- 비경쟁적이고 협동적인 게임과 활동을 통해 성과보다 과정 중심의 스포츠 교육을 실현할 수 있다.

② 윤리 교육과 연계된 체육 수업 운영

체육 수업과 스포츠 활동을 단순 신체 활동에 그치지 않고, 도덕 교육과 연계하여 체계적으로 운영해야 한다.

- 예를 들어, 경기 전후로 스포츠맨십에 대한 토론, 경기 중 상황에서의 윤리적 판단 학습 등을 통해 윤리적 사고와 행동을 동시에 학습할 수 있도록 한다.

③ 지도자의 윤리적 역할과 모범

체육 지도자와 코치는 학생에게 윤리적 모범이 되어야 하며, 지도 과정에서 인격적 존중과 공정한 태도를 유지해야 한다.

- 지도자의 폭력적 지도 방식이나 승리 집착적 문화는 도덕 교육을 무의미하게 만들 수 있으므로, 지도자의 윤리 교육과 인권 교육을 강화해야 한다.

결론

스포츠는 도덕 교육의 강력한 실천적 도구가 될 수 있다. 스포츠는 공정성과 정의, 협력과 책임, 존중과 배려라는 핵심 도덕 가치를 경험하고 내면화하는 장을 제공하며, 이를 통해 건강한 인격체와 사회적 시민을 양성하는 데 기여한다. 그러나 승부 지상주의와 상업적 왜곡을 경계하고, 포용적이고 윤리적인 스포츠 교육 환경을 조성하는 노력이 함께 이루어져야 한다.

앞으로 스포츠를 통한 도덕 교육은 지속 가능한 사회를 만드는 핵심 교육 영역으로 더욱 중요하게 다루어질 것이다.

2. 체육 교육과 윤리적 가치의 함양

1) 체육 교육의 본질과 윤리적 의미

체육 교육은 학생들에게 신체적 건강과 체력을 증진시키는 것을 넘어, 인격 형성과 사회적 책임감을 함양하는 전인 교육의 한 영역이다. 신체 활동을 통해 협동과 배려, 공정성과 책임감 등 다양한 윤리적 가치를 경험하고 내면화할 수 있다. 특히 체육 교육은 규칙과 질서를 기반으로 이루어지기 때문에, 학생들은 자연스럽게 공동체의 규범과 도덕적 기준을 학습하게 된다.

체육 수업과 스포츠 활동은 인간 간 상호작용이 활발하게 이루어지는 공간으로, 경쟁과 협력, 승리와 패배를 통해 윤리적 판단과 행동을 직접적으로 경험하는 것이 특징이다. 이러한 체험은 인지적 학습보다 더 강력하게 도덕성을 형성하는 효과가 있다.

2) 체육 교육을 통한 윤리적 가치의 주요 내용

① 공정성(Fairness)과 규칙 준수

체육 교육은 학생들에게 경기와 활동의 규칙을 숙지하고 이를 존중하는 법을 가르친다.

- 규칙 준수는 단순한 게임의 승패를 넘어 **법과 사회 규범에 대한 존중**을 기르는 기회가 된다.
- 승부의 과정에서 공정성을 유지하며 **편법과 부정행위를 거부하는 태도**는 윤리적 가치 중 공정성과 정의의식을 함양한다.

② 페어플레이(Fair Play)와 스포츠맨십

페어플레이 정신은 **상대를 존중하고, 정정당당하게 경쟁하는 태도**를 강조한다.

- 체육 수업과 스포츠 활동은 승리뿐만 아니라 패배를 수용하고, 상대방의 경기력을 인정하는 **성숙한 태도와 인내심**을 기르는 교육의 장이 된다.
- 이는 사회적 책임감과 시민적 덕목으로 확장되며, **공동체 내에서 타인을 배려하고 존중하는 기본 자세**를 학습하게 한다.

③ 협동과 배려, 팀워크

단체 스포츠는 **공동의 목표를 위해 협력하고 희생하는 경험**을 제공한다.

- 학생들은 개인의 이익보다 팀의 이익을 우선시하며 협동과 연대의 가치를 체득하게 된다.
- 이러한 경험은 사회적 상호작용 능력을 높이고, 타인의 입장을 이해하고 배려하는 태

도를 강화한다.

④ 책임감과 자기조절

체육 교육은 학생들에게 **자기 행동에 대한 책임감**을 요구한다.

- 경기 규칙을 지키고, 자신의 역할을 충실히 수행하며, 스포츠 활동의 결과에 책임지는 경험은 **도덕적 자기 규율과 책임 의식**을 키운다.
- 또한 감정을 조절하고, 패배를 승복하며, 분노나 좌절을 통제하는 **자기조절 능력**은 도덕적 인격 형성에 중요한 요소다.

⑤ 정의와 공감능력

체육 교육은 경쟁 상황 속에서도 상대방의 입장을 고려하고, **공감하는 능력**을 기른다.

- 반칙을 저지르거나 규칙을 어기는 행위를 비판하고, 이에 대한 도덕적 판단을 통해 **정의로운 선택을 내리는 법**을 배운다.
- 팀 동료의 실패나 상대 선수의 부상에 대해 **공감하고 돕는 행동**은 타인에 대한 이해와 연민의 감정을 높여준다.

3) 체육 교육 현장에서 윤리적 가치 함양을 위한 방법

① 체계적인 윤리 교육과 연계된 체육 프로그램

단순한 경기나 체력 단련 중심의 체육 수업에서 벗어나, **윤리 교육과 연계된 커리큘럼**이 필요하다.

- 경기 전후 토론 활동을 통해 **페어플레이, 스포츠맨십, 윤리적 판단에 대한 토의**를 활성화해야 한다.
- 활동 과정 중 발생하는 갈등 상황을 사례로 하여 **윤리적 문제 해결 방안**을 함께 논의하고 학습하는 방식이 효과적이다.

② 체육 교사의 역할과 지도 방침

체육 교사는 학생들에게 **윤리적 모범**이 되어야 하며, 승리에 집착하지 않고 교육적 가치와 인격 함양을 최우선으로 삼아야 한다.

- 학생 개개인의 참여와 성장을 존중하고, **폭력적 지도 방식이나 차별적 태도를 배제**해야 한다.
- 체육 활동의 모든 과정에서 **공정한 판정과 지도**, 학생 의견을 존중하는 방식이 체육

교육의 신뢰성을 높인다.

③ 체험과 실천 중심의 윤리 학습

윤리적 가치 교육은 **이론보다 경험과 실천이 핵심**이다.

- 체육 교육에서는 실제 경기와 활동을 통해 학생들이 **윤리적 결정을 스스로 체험하게 하는 방식**이 효과적이다.
- 예를 들어, **페어플레이를 실천한 팀에 가산점을 부여하거나, 배려와 협동을 중시하는 규칙을 추가하는 방식**으로 학생들의 행동을 유도할 수 있다.

4) 체육 교육을 통한 윤리적 가치 함양의 기대 효과

① 도덕적 시민으로의 성장

체육 수업을 통해 배운 윤리적 가치들은 학생이 사회에 진출한 이후 민주시민으로서의 덕목으로 확장된다.

- 공정성과 정의, 책임과 배려는 **공동체의 조화로운 유지와 발전을 위한 필수 가치**이며, 체육 교육은 이를 내면화하는 데 기여한다.

② 폭력과 차별 없는 스포츠 문화 조성

학생들이 어릴 때부터 체육 교육을 통해 **폭력과 차별을 거부하고, 공정성과 존중을 실천하는 태도**를 익히면, 성인이 된 후에도 스포츠뿐만 아니라 사회 전반에 긍정적인 영향을 미친다.

③ 다양성과 포용의 사회 실현

체육 교육은 다양한 배경을 가진 학생이 함께 어울리는 환경을 제공하여 **다양성을 인정하고 포용하는 문화를 정착시키는 기회**가 된다.

결론

체육 교육은 신체 활동이라는 외형을 넘어 **윤리적 가치와 도덕적 인격을 함양하는 실천적 교육의 장**이다. 공정성과 책임, 협동과 배려, 존중과 정의라는 가치가 체육 수업 속에서 자연스럽게 체득될 수 있도록 교육과정이 운영될 필요가 있다. 이를 위해 교사와 학교, 사회 전반의 지원이 중요하며, 체육 교육이 **건강한 사회와 도덕적 공동체를 이루는 기반**이 되도록 지속적인 노력이 요구된다.

3. 도덕 교육으로서의 스포츠의 가능성과 한계

1) 스포츠와 도덕 교육의 관계

스포츠는 규칙과 질서에 기반을 두고 운영되는 활동으로, 승패를 넘어 **공정성과 정의, 책임과 배려, 협동과 존중**이라는 도덕적 가치를 실천하고 내면화하는 장이 될 수 있다. 이러한 스포츠의 특성은 도덕 교육과 밀접하게 연계되며, 스포츠가 갖는 체험 중심의 학습 효과는 전통적인 교실 교육보다 더 강력한 도덕적 성장 기회를 제공한다.

그러나 스포츠가 도덕 교육의 수단으로서 갖는 긍정적 가능성에도 불구하고, 한계와 문제점 또한 분명하게 존재한다. 승리 지상주의, 상업화, 경쟁 중심의 문화는 오히려 도덕성을 저해할 수 있는 요소로 작용할 수 있다.

2) 스포츠의 도덕 교육적 가능성

① 체험 중심 학습의 장으로서의 스포츠

스포츠는 단순한 이론이 아닌 **실제 행동과 경험을 통해 도덕적 가치를 학습**하는 공간이다. 학생들은 경기라는 실천의 장에서 직접적으로 **규칙 준수, 상대 존중, 공정한 경쟁**을 경험하고 배우게 된다. 이러한 체험은 **도덕적 사고 능력과 판단력**을 기르는 데 강력한 영향을 미친다.

② 공동체 의식과 협동의 가치 내면화

단체 스포츠는 **팀워크와 협동의 중요성**을 체득하는 과정이다. 공동의 목표를 위해 개인의 이익을 넘어서 팀을 위해 헌신하고 배려하는 경험은 **타인에 대한 존중과 배려, 공동체 의식**을 키우는 데 도움을 준다.

③ 페어플레이 정신과 책임감 함양

스포츠에서 규칙 준수와 페어플레이는 **도덕적 책임과 정직성**을 강조하는 기본 요소다. 학생들은 승리를 추구하되 정당한 방법으로 승리해야 하며, 반칙이나 부정행위를 스스로 통제하는 자율적 태도를 배우게 된다.

④ 도전과 극복의 경험을 통한 자기 성장

스포츠는 도전과 실패, 그리고 극복의 연속이다. 이 과정에서 학생들은 **인내와 끈기, 책임감, 자기조절 능력**을 익히고, 이는 도덕적 성장의 토대가 된다.

승리뿐만 아니라 패배를 받아들이고, 그 과정에서 자신의 역할과 한계를 성찰하는 경험은 **자기 책임과 타인 존중**을 기반으로 한 윤리적 인격 형성에 기여한다.

3) 스포츠의 도덕 교육적 한계

① 승리 지상주의와 결과 중심 문화

현대 스포츠는 **승리와 성과 중심의 가치관**이 팽배하다. 특히 엘리트 스포츠 환경에서는 **결과에 대한 집착**이 심화되며, 공정성과 배려보다 **경쟁과 이익**이 우선시되는 경향이 있다.

- 승리를 위해 반칙과 편법이 용인되는 문화가 형성되거나, 규칙을 어겨도 이기면 용서받는 풍조가 퍼질 경우, 오히려 **반윤리적 가치관을 내면화**할 위험이 있다.
- 학생 선수들은 **과도한 경쟁과 성과 압박**으로 인해 도덕성보다는 생존과 승리라는 목적에 집중하게 되는 부작용이 발생할 수 있다.

② 지도자의 윤리 의식 부족과 폭력적 문화

체육 지도자가 **승리 지상주의와 권위주의적 태도**를 보일 경우, 스포츠 현장은 오히려 **폭력과 차별, 인권 침해의 공간**이 될 수 있다.

- 지도자의 폭력적 훈련 방식과 인권 침해는 학생의 **자율성과 인격 형성을 저해**하며, 도덕 교육의 취지를 무색하게 만든다.
- 지도자의 역할이 도덕 교육자로서가 아니라 **성적 향상을 위한 관리자나 통제자로 변질**될 경우, 스포츠의 교육적 가치는 심각하게 훼손된다.

③ 상업화와 엘리트 중심 구조의 문제

스포츠의 **상업화**는 경기 자체의 목적을 상실하게 만들고, 엘리트 중심의 스포츠 구조는 일부 선수만 혜택을 보는 **비포용적 환경**을 조성한다.

- 모든 학생이 동등하게 참여하고 배우는 기회를 제공해야 할 체육 활동이 특정 엘리트 선수 중심으로 흘러가면서, **소외와 차별**이 발생하고 도덕 교육의 공공성이 약화된다.

4) 스포츠의 도덕 교육 효과를 높이기 위한 방안

① 교육적 스포츠 환경 조성

경쟁과 승리보다 **참여와 과정 중심의 스포츠 환경**을 조성하여 학생들이 스포츠 활동을 통해 도덕적 가치를 자연스럽게 습득할 수 있도록 해야 한다.

- 모든 학생이 **참여하고 존중받는 분위기** 속에서 스포츠를 경험하도록 하고, 성취나 승패보다 협동과 페어플레이를 평가 기준으로 삼는 문화가 필요하다.

② 윤리적 지도자의 역할 강화

지도자의 **윤리성과 인권 감수성**을 강화하고, 학생들의 인격 형성과 도덕성 함양에 기여하는 **교육자로서의 역할**을 강조해야 한다.

- 지도자는 공정성과 투명성을 바탕으로 학생들의 **윤리적 판단과 행동을 이끌어내는 멘토**가 되어야 하며, 이를 위해 윤리교육과 인권교육을 지속적으로 이수해야 한다.

③ 도덕 교육과 체육 수업의 통합적 운영

체육 수업과 도덕 교육을 **연계하여 통합적 프로그램을 운영**하고, 스포츠를 통해 배우는 윤리적 가치가 사회 전반으로 확장될 수 있도록 지원해야 한다.

- 경기 후 **토론과 성찰의 시간**을 마련해, 공정성과 페어플레이의 중요성을 다시 점검하고 학생 스스로 자신의 행동을 돌아볼 수 있도록 한다.

결론

스포츠는 도덕 교육의 강력한 실천 도구로서 인간의 윤리적 가치 내면화에 크게 기여할 수 있다. 그러나 이를 위해서는 스포츠 본연의 목적과 정신을 훼손하는 승부 지상주의, 상업화, 인권 침해 등의 문제를 극복하고 **교육적 스포츠 환경**을 조성해야 한다.

스포츠가 도덕 교육의 장으로서 진정한 가치를 발휘하기 위해서는 체계적 교육, 윤리적 지도, 포용적 참여 환경이 필수적이며, 이러한 조건을 갖춘 스포츠 교육은 **도덕적 인격 형성과 건강한 사회 구현**에 큰 역할을 할 수 있다.

제11장. 스포츠윤리 교육의 방향과 과제

1. 스포츠에서의 성 평등과 역사

1) 스포츠와 성 평등의 중요성

스포츠는 신체적 능력과 경쟁을 통해 인간의 한계를 시험하고, 공동체 속에서 연대와 성취를 경험하는 사회적 공간이다. 그러나 스포츠 영역은 역사적으로 **성 불평등과 차별의 공간**이기도 했다. 남성 중심으로 발전해 온 스포츠는 여성과 성소수자에게 동등한 기회를 제공하지 못했으며, 이러한 차별과 불평등은 오랫동안 정당화되어 왔다.

오늘날 스포츠윤리는 **성평등을 실현하는 핵심 가치**로 자리 잡고 있으며, 이를 실천하기 위한 제도적·사회적 노력이 강화되고 있다. 성 평등을 중심에 둔 스포츠윤리 교육은 스포츠가 공정성과 정의를 실현하는 장이 되도록 이끌어야 할 핵심 과제 중 하나다.

2) 스포츠에서 성 평등의 역사적 배경

① 초기 스포츠의 성 차별적 구조

스포츠는 근대 올림픽을 비롯한 국제 대회가 남성 중심으로 출발하면서 여성의 참여를 배제해왔다.

- 1896년 **제1회 아테네 올림픽**에서는 여성의 참가가 전면 금지되었고, 남성만이 스포츠에 참여할 자격이 있다고 여겨졌다.
- 당시 스포츠는 남성의 신체적 우월성과 전쟁 준비를 위한 훈련의 연장선으로 인식되어, 여성은 신체적으로나 도덕적으로 부적합하다는 편견이 지배적이었다.

② 여성 스포츠 참여의 점진적 확대

1900년 **파리 올림픽**에서 비로소 여성 선수들의 제한적 참여가 허용되었으나, 이 역시 일부 종목(테니스, 골프 등)에 국한되었다.

- 이후 여성 스포츠는 점진적으로 발전해왔지만, 남성과 동등한 지위를 확보하기까지 오랜 시간이 걸렸다.
- 1984년 **로스앤젤레스 올림픽**에서는 여성 마라톤이 정식 종목으로 채택되며 여성 선수의 영역이 확대되었고, 2012년 **런던 올림픽**에서는 모든 참가국이 여성 선수를 포함하게 되면서 상징적인 평등 실현이 이뤄졌다.

③ 스포츠 성 평등 운동의 전개

1970년대 이후 여성주의 운동의 확산과 함께 스포츠 영역에서도 **성 평등을 요구하는 목소리**가 커졌다.

- 미국에서는 1972년 제정된 **타이틀 IX(Title IX)** 법안이 교육기관에서 성차별을 금지하고, 여성 스포츠 참여 기회를 획기적으로 확대하는 계기가 되었다.
- 타이틀 IX 이후 미국 여성 스포츠는 양적·질적으로 발전했으며, 이는 전 세계 여성 스포츠 발전의 촉매제가 되었다.

3) 현대 스포츠에서 성 평등 실현의 과제와 진전

① 제도적 개선과 정책 강화

오늘날 국제올림픽위원회(IOC)를 비롯한 국제 스포츠 기구들은 성 평등 실현을 위한 다양한 정책과 제도를 마련하고 있다.

- IOC는 **올림픽 아젠다 2020**에서 성평등을 핵심 목표로 설정하고, 여성 선수 참여율을 전체 참가자의 50%까지 끌어올리기 위한 노력을 지속하고 있다.
- FIFA, FINA 등 주요 국제 스포츠 단체들도 여성 리그 활성화와 성별 임금 격차 해소를 위한 정책을 도입했다.

② 여성 스포츠 리더십 확대

여성 선수뿐만 아니라 **여성 지도자, 심판, 스포츠 행정가**의 참여가 확대되고 있다.

- 과거에는 남성 중심으로 구성되었던 스포츠 조직이 여성 리더십을 포용하면서 **의사결정 과정에서 성평등을 반영**하기 시작했다.
- 여성 감독과 코치, 국제 스포츠기구 여성 위원 비율 증가 등이 대표적 성과로 꼽힌다.

③ 성 평등 스포츠 문화의 확산

성별을 이유로 차별받지 않는 스포츠 환경이 확대되고 있으며, **성별 이분법적 스포츠 구조**에 대한 재검토도 진행되고 있다.

- 남녀 혼성 경기의 증가, 트랜스젠더 선수의 참여 논의 등은 **성평등이 단순히 여성 참여 확대를 넘어, 모든 성 정체성을 포용하는 단계로 발전하고 있음을 보여준다.**

4) 한국 스포츠에서의 성 평등 발전과 과제

① 한국 여성 스포츠의 발전

한국은 1980년대 이후 여성 스포츠가 급속히 발전하며 **양궁, 골프, 스피드스케이팅 등에서 세계적 성과**를 이루어냈다.

- 여성 스포츠 선수들의 국제 무대 활약은 국내 스포츠 문화에서 여성의 위상을 높였으며, 이는 스포츠 전반의 성 평등 인식 개선에 긍정적 영향을 미쳤다.

② 제도적 개선 노력

대한체육회는 **여성 스포츠 참여 확대와 여성 체육 지도자 육성**을 위해 정책적 지원을 강화하고 있다.

- 또한 스포츠윤리센터를 통해 여성 선수의 **성폭력 및 차별에 대한 대응 시스템**을 구축하고 있다.

③ 여전히 남아 있는 성차별 구조

여전히 스포츠 현장에서는 여성 지도자 부족, 성별 임금 격차, 미디어 노출의 불균형 등이 존재한다.

- 일부 종목은 여성 선수의 참여가 제한적이며, 여성 선수의 경기력이 평가절하되거나 미디어에서 외모 중심으로 소비되는 경향이 있다.

결론

스포츠윤리 교육은 **성 평등 실현을 위한 인식 변화와 행동 실천을 유도**해야 한다.
성 평등은 스포츠에서 공정성과 정의를 실현하는 핵심 가치이며, 이를 위해 스포츠윤리 교육은 다음과 같은 방향으로 발전해야 한다.

첫째, 성별 차이를 넘어서 동등한 기회와 대우를 보장하는 스포츠 환경을 조성한다.
둘째, 성 평등에 대한 윤리 교육과 리더십 프로그램을 강화하여 여성 지도자의 역할과 참여를 확대한다.
셋째, 미디어와 사회 전반에 여성 스포츠 인식 개선 캠페인을 전개하여 스포츠 전반에 성 평등 문화를 확산시킨다.

2. 교육 내용과 교수 방법

1) 스포츠윤리 교육의 필요성과 접근 방식

현대 스포츠는 공정성, 정의, 인권, 다양성, 포용 등 윤리적 가치 실현의 장이 되어야 한다는 인식이 확산되고 있다. 하지만 여전히 스포츠 현장에서는 승부 지상주의, 폭력과 차별, 인권 침해 등 윤리적 문제가 지속적으로 발생하고 있다. 이러한 문제를 예방하고 바람직한 스포츠 문화를 형성하기 위해서는 **체계적인 스포츠윤리 교육**이 필수적이다.

스포츠윤리 교육은 단순히 규칙을 암기하거나 도덕적 이론을 학습하는 것이 아니라, **현장 중심의 체험적 학습과 가치 내면화**를 지향해야 한다. 따라서 교육 내용과 교수 방법은 실제 스포츠 환경에 적합하며 실천 가능한 방향으로 설계되어야 한다.

2) 스포츠윤리 교육의 주요 내용

① 공정성과 페어플레이(Fair Play)

- 스포츠윤리 교육의 핵심은 공정성과 페어플레이 정신의 이해와 실천이다.
- 모든 참가자는 동등한 규칙 아래 경쟁하며, 부정행위와 편법을 배제하고 **정정당당한 승부**를 지향해야 한다.
- 페어플레이는 단순히 규칙 준수가 아닌, **상대에 대한 존중과 배려**, 심판 판정에 대한 수용 등을 포함한다.

② 스포츠에서의 인권과 차별 금지

- 스포츠 환경에서 **성별, 장애, 인종, 국적, 종교, 성적 지향** 등에 따른 차별을 금지하고 인권을 보호하는 교육이 필수적이다.
- 특히 선수 인권 보호와 **성폭력 예방, 폭력과 가혹행위 근절**에 대한 구체적 사례와 대응 방안을 포함해야 한다.

③ 윤리적 리더십과 책임

- 선수, 지도자, 심판, 행정가 모두가 윤리적 리더십을 갖추어야 하며, 자신의 행동에 책임을 지는 자세를 배워야 한다.
- 리더로서 타인을 존중하고, **투명성과 공정성을 유지하며, 스포츠의 가치를 수호하는 역할**을 강조해야 한다.

④ 도핑과 스포츠윤리

- 도핑 문제는 스포츠 공정성을 위협하는 대표적인 윤리적 이슈다.
- 도핑의 위험성과 부당성을 이해하고, **깨끗한 스포츠의 중요성**과 도핑 방지 교육을 지속적으로 제공해야 한다.

⑤ 기술 발전과 윤리

- 비디오 판독, 웨어러블 기술, 인체 증강 장비 등 최신 기술이 스포츠에 미치는 윤리적 영향과 논쟁을 다루어야 한다.
- **기술 공정성, 데이터 보호, 선수 프라이버시 문제** 등 현대 스포츠 환경에 적합한 윤리 교육이 필요하다.

3) 스포츠윤리 교수 방법의 원칙과 전략

① 체험 중심의 학습(Experiential Learning)

- 윤리 교육은 강의 중심보다 실제 스포츠 상황에서 **윤리적 판단과 행동을 직접 체험하게 하는 방식**이 효과적이다.
- 경기 전·후 페어플레이 실천, 판정 갈등 상황에서의 윤리적 대처 토론 등을 통해 학생이 **직접 경험하고 반성할 기회를 제공**한다.

② 사례 기반 학습(Case Study)

- 실제 스포츠 현장에서 발생한 윤리적 문제 사례를 분석하고, 학생들과 **해결 방안과 대응 방법을 토론**한다.
- 국내외 유명 스포츠 선수나 팀의 윤리적 문제 사례(도핑, 승부 조작, 폭력 사건 등)를 활용하여 **비판적 사고와 윤리적 판단 능력을 향상**시킨다.

③ 역할극(Role Play)과 시뮬레이션

- 학생들이 심판, 선수, 지도자 등 다양한 역할을 맡아 윤리적 딜레마 상황을 재현하고 **자율적 해결 방안을 탐색**하는 활동이다.
- 예를 들어, 경기 중 반칙 상황에 대한 심판의 결정, 팀원의 부정행위에 대한 대응 등을 실습하여 **현실적인 윤리적 대응 역량**을 강화한다.

④ 비판적 사고와 윤리적 토론 중심 수업

- 학생들이 **스포츠윤리적 문제를 다각도로 분석하고, 서로 다른 의견을 교환하며 토론**하는 방식이다.
- 찬반 논쟁이나 그룹 토의 등을 통해 **윤리적 가치 판단의 복잡성을 이해**하고, 타인의 입장을 존중하는 태도를 기를 수 있다.

4) 교수법 실행을 위한 구체적 방법

① 윤리 교육 모듈 및 커리큘럼 개발
- 각 연령대와 스포츠 종목에 맞는 **맞춤형 교육 콘텐츠와 모듈**을 개발하고, 체계적으로 교사와 코치를 위한 매뉴얼을 제작한다.
- 스포츠 현장에서 적용 가능한 **윤리 가이드라인과 행동 강령**을 함께 제공하여 학습 내용을 실천으로 연결시킨다.

② 융합형 교수법 도입
- 체육 활동과 윤리 교육을 **통합형 수업으로 구성**하고, 체육 수업 내에서 자연스럽게 윤리적 주제를 다루도록 한다.
- 예를 들어, 축구 경기 후 페어플레이 점수를 평가하고 피드백하는 시간을 마련해 윤리적 학습과 신체 활동을 통합한다.

③ 피드백과 자기 성찰 중심 평가
- 스포츠윤리 교육은 단순 지식 전달이 아닌 **행동 변화와 가치 내면화**를 목표로 하므로, 과정 중심 평가가 중요하다.
- 수업 후 학생 스스로 자신의 행동과 판단을 돌아보고 **자기 성찰 일지나 윤리적 행동 평가표를 작성**하게 한다.

결론

스포츠윤리 교육은 스포츠의 공정성과 정의, 인권 존중을 실현하기 위한 필수 교육 영역이다. 효과적인 윤리 교육을 위해서는 체험 중심 학습, 사례 분석, 역할극 등 참여형 교수법을 적극적으로 활용하고, 실천 가능한 윤리적 가치 내면화를 지원해야 한다.

앞으로 스포츠윤리 교육은 스포츠 현장에서의 실천적 윤리를 강화하고, 스포츠가 공정하고 평등한 사회적 공간으로 발전하는 데 기여하는 핵심 역할을 할 것이다.

3. 스포츠윤리 교육의 글로벌 트랜드

1) 글로벌 스포츠윤리 교육의 필요성

글로벌 스포츠 환경은 점점 더 복잡하고 다양해지고 있다. 세계화와 디지털 기술의 발달로 국가 간 스포츠 교류가 활발해졌고, 이에 따라 **스포츠윤리의 글로벌 기준과 교육의 필요성**이 강조되고 있다. 특히, 도핑, 승부조작, 인권 침해, 성차별과 같은 문제는 단일 국가의 문제가 아니라 국제적 대응이 필요한 사안으로 인식되고 있다.

이에 따라 각국은 **글로벌 스포츠윤리 기준**에 맞는 교육 시스템을 마련하고 있으며, 국제 스포츠 단체와 협력하여 윤리 교육을 강화하고 있다.

2) 국제 스포츠 기구 중심의 윤리 교육 정책과 흐름

① 국제올림픽위원회(IOC)의 윤리 교육 강화

IOC는 '올림픽 아젠다 2020+5'를 통해 **윤리와 투명성, 공정성을 올림픽 가치의 핵심**으로 강조하고 있으며, 다양한 윤리 교육 프로그램을 운영하고 있다.

- Olympic Values Education Programme(OVEP)은 청소년과 선수, 지도자를 대상으로 **올림픽 가치와 스포츠윤리를 교육**하는 국제 프로그램으로, 현재 20여 개국 이상에서 활용되고 있다.
- IOC는 페어플레이, 공정 경쟁, 인권 존중, 성 평등, 반도핑 등과 관련된 **윤리 교육 자료와 가이드라인을 각국에 배포**하고, 교육자 훈련도 지원하고 있다.

② 세계반도핑기구(WADA)의 윤리적 반도핑 교육

WADA는 반도핑의 윤리적 측면을 강조하는 교육 프로그램을 전 세계적으로 확산시키고 있다.

- Anti-Doping Education and Learning platform(ADEL)은 선수, 코치, 의학 전문가를 대상으로 하는 온라인 교육 플랫폼으로, **윤리와 규범 중심의 반도핑 교육**을 제공하고 있다.
- WADA는 단순 규칙 전달을 넘어 **깨끗한 스포츠를 위한 윤리적 책임과 가치관 교육**에 집중하고 있다.

③ 국제축구연맹(FIFA)의 윤리 정책

FIFA는 'FIFA Guardians Programme'을 통해 선수 보호 및 아동·청소년 스포츠윤리 교육을 강화하고 있다.

- 특히 **아동 보호 정책**을 스포츠윤리의 핵심 가치로 삼아, 아동 학대, 성폭력 예방 교육을 필수화하고 있으며, 각국 축구협회에 **윤리 교육 시스템 구축을 권고**하고 있다.

3) 주요 국가들의 스포츠윤리 교육 트렌드

① **미국: Title IX와 스포츠윤리 교육의 선도**

- 미국은 **Title IX**를 근간으로 성평등 교육을 스포츠 전반에 적용하고 있으며, 대학 및 학교 스포츠 팀에 **윤리 교육을 필수 이수 과정**으로 도입하고 있다.
- NCAA는 윤리적 리더십, 반도핑, 인권 보호, 공정성에 관한 교육 프로그램을 자체 개발하여 선수, 코치, 행정가에게 제공한다.
- 스포츠윤리 교육과 리더십 프로그램이 학교 교육과정에 포함되어 있으며, 청소년 스포츠 선수 보호법(Safe Sport Act)을 통해 아동·청소년 스포츠 인권 교육을 강화하고 있다.

② **영국: 인권 중심의 윤리 교육 강화**

- 영국 스포츠윤리센터(Sport Resolutions UK)는 반도핑, 승부조작 예방과 함께 **성평등, 다양성, 인권 중심의 윤리 교육**을 전개하고 있다.
- 'Equality Standard for Sport'라는 인증제도를 통해, 스포츠 단체가 **윤리적 기준을 충족하고 교육을 이행했는지 평가**하고 있다.
- 아동 보호와 청소년 스포츠 인권에 관한 교육을 필수화하고, 여성과 소수자 대상 포용성 교육도 시행하고 있다.

③ **일본: 포괄적 윤리 교육과 인권 보호**

- 일본은 **2019년 스포츠 기본법 개정** 이후, 스포츠 인권 보호와 윤리 교육을 강화하고 있으며, '스포츠 커뮤니티의 윤리 헌장'을 채택해 국가 차원의 윤리 기준을 마련하고 있다.
- 학교와 클럽을 중심으로 폭력, 성폭력 예방 교육을 강화하고 있으며, **패럴림픽 이후 장애인 스포츠윤리 교육도 확대**하고 있다.

4) 글로벌 스포츠윤리 교육의 핵심 트렌드

① 디지털 플랫폼을 통한 글로벌 접근성 확대

- 다양한 스포츠윤리 교육이 **온라인 플랫폼**을 통해 제공되어 접근성이 향상되고 있다.
- WADA의 ADEL, IOC의 OVEP와 같은 글로벌 교육 플랫폼은 다국어 지원과 커스터마이징 기능으로 국가별 맞춤형 윤리 교육을 지원한다.

② 청소년과 아동 보호 교육 강화

- 아동 학대와 성폭력 방지, 선수 권익 보호를 위한 **스포츠윤리 교육이 모든 연령층에 걸쳐 확대**되고 있으며, 아동 보호 관련 윤리 기준이 강화되고 있다.
- Safe Sport 프로그램(미국)과 FIFA Guardians와 같은 정책이 **국가 차원에서 법제화**되고 있다.

③ 다양성과 포용성 가치의 확산

- 트랜스젠더 선수, 장애인 선수, 여성 선수 등 소수자 포용을 위한 윤리 교육이 확대되고 있으며, **스포츠 내 다양성과 평등 가치가 핵심 윤리 주제로 자리매김**하고 있다.
- 인권 감수성 교육과 함께 **성별, 문화, 신체적 차이를 인정하고 존중하는 태도**를 기르는 교육이 강조된다.

④ 윤리적 리더십과 행정 시스템 개선

- 스포츠윤리는 선수뿐만 아니라 지도자, 심판, 스포츠 행정가에 이르기까지 **스포츠 전반에 대한 윤리적 리더십 강화**를 요구한다.
- 윤리 위반 발생 시 **신속한 대응과 투명한 처리를 위한 윤리 위원회 운영과 감독 시스템**이 표준화되고 있다.

결론

글로벌 스포츠윤리 교육은 공정성, 인권, 포용성을 중심으로 보다 보편적이고 실천적인 교육으로 발전하고 있다. 한국 역시 국제적인 흐름에 발맞춰 스포츠윤리 교육을 강화하고 온라인 플랫폼을 통한 접근성 향상, 아동·청소년 보호와 인권 중심의 커리큘럼 확대, 성 평등과 다양성 포용 교육을 적극 도입해야 한다.

향후 한국 스포츠윤리 교육은 **글로벌 스탠다드에 부합하는 제도와 교육 시스템을 정착**시키고, 국제 사회협력의 **지속 가능한 윤리 교육 모델을 구축하는 것이 과제**가 될 것이다.

전망. 스포츠의 공정성과 윤리의 미래

1. 스포츠윤리의 새로운 과제

1) 스포츠윤리의 시대적 전환

21세기 스포츠는 기술과 산업의 발전, 글로벌화, 다양성 증대라는 환경 변화 속에서 그 본질과 역할이 지속적으로 변화하고 있다. 스포츠는 단순한 신체 활동과 경쟁을 넘어 **사회적 책임과 윤리적 가치 실현의 장**으로 자리매김하고 있으며, 공정성과 인권 존중은 스포츠가 지속 가능성을 유지하기 위한 필수 요소가 되었다. 그러나 스포츠가 직면한 새로운 환경 속에서 윤리적 과제는 더욱 복잡하고 다층적으로 전개되고 있으며, 이에 대한 체계적 대응과 지속적인 고민이 요구되고 있다.

2) 스포츠 기술 발전에 따른 윤리 과제

① 인체 능력 향상 기술과 공정성 문제

스포츠에서 웨어러블 장비, 인체 보조 기구, 인공지능 기반 데이터 분석 등 첨단 기술이 보편화되면서 **기술이 경기력 향상에 미치는 영향과 그 공정성 문제**가 부각되고 있다.

- 특정 국가나 구단, 선수만이 이러한 기술을 이용할 수 있다면, **스포츠 본연의 공정 경쟁 원칙이 훼손**될 수 있다.
- 기술을 통한 인간 능력 강화가 어디까지 허용될 수 있는지에 대한 **윤리적 경계 설정**이 새로운 과제로 대두된다.

② 비디오 판독과 심판의 권위 약화

기술의 발전은 심판의 오심을 줄이고 경기의 공정성을 높이는 긍정적인 역할을 하고 있지만, 지나친 기술 의존은 심판의 역할과 인간적 판단의 가치를 감소시킬 위험이 있다.

- **기술과 인간의 균형적인 역할 배분**과, 기술이 판정을 대체하지 않고 **보완하는 방향으로 사용될 수 있는 가이드라인**이 필요하다.

3) 스포츠 인권과 다양성의 윤리 과제

① 트랜스젠더와 비이분법적 젠더 선수 문제

스포츠가 전통적으로 성별에 따라 구분되어 운영되어 온 상황에서, 트랜스젠더 및 비이분법적 성 정체성을 가진 선수들의 참여가 윤리적·법적 논쟁의 중심이 되고 있다.

- **공정성**과 **포용성** 사이의 균형을 찾는 문제는 스포츠윤리의 대표적 난제다.
- 트랜스젠더 선수의 경기 참여 기준과 규정을 설정하면서, 인권과 차별 금지라는 보편적 윤리 원칙을 어떻게 구현할 것인지가 중요하다.

② 장애인 스포츠와 통합 문제

장애인 스포츠의 발전에도 불구하고, 장애인 선수들의 권리와 공정한 경기 환경은 여전히 충분히 보장되지 않고 있다.

- 장애인과 비장애인의 **통합 스포츠 프로그램 활성화**, 그리고 장애인 스포츠의 **공정한 지원 체계 마련**이 향후 과제가 될 것이다.

③ 인종, 문화, 종교적 다양성에 대한 윤리 대응

글로벌 스포츠 무대에서는 다양한 인종과 문화를 가진 선수들이 함께 경쟁하고 있지만, 여전히 차별과 배제, 문화적 충돌이 존재한다.

- 스포츠 조직과 지도자는 **다문화 감수성**과 **인권 감수성**을 기반으로 한 교육과 정책을 시행하여, 스포츠가 다양성과 포용성을 실현하는 장이 될 수 있도록 해야 한다.

4) 스포츠 산업화와 상업화의 윤리 과제

① 선수 인권 보호와 계약 관계의 공정성

프로 스포츠와 스포츠 산업이 성장함에 따라 선수와 구단, 에이전트 간의 **계약 관계에서 인권 침해와 착취 문제**가 빈번하게 발생하고 있다.

- 어린 선수의 조기 선발과 육성 시스템, 해외 이적 시장에서의 불공정한 계약, 부당한 에이전트 개입 등은 스포츠윤리의 중요한 쟁점이다.
- 선수의 인권 보호와 **투명한 계약 시스템**, 그리고 미성년 선수 보호를 위한 **법적·제도적 장치 강화**가 요구된다.

② 스포츠 상업화에 따른 가치 왜곡

스포츠가 지나치게 상업적 논리에 지배될 경우, 경기 자체의 의미와 공정성, 스포츠 정신이 훼손될 위험이 있다.

- 기업 후원과 광고 수익 중심의 스포츠 구조 속에서 선수는 상품화되고, 경기 결과가 경제적 이해관계에 종속되는 현상은 **윤리적 재검토**가 필요하다.

5) 환경과 지속 가능한 스포츠윤리 과제

환경 보호와 지속 가능성

대규모 스포츠 이벤트는 환경에 상당한 영향을 미친다.

- 경기장 건설, 자원 소비, 탄소 배출 등의 환경 문제가 심각해지면서, **친환경 스포츠윤리의 확립이 필요**하다.
- 국제올림픽위원회(IOC)와 FIFA 등은 **탄소 중립 경기 운영, 지속 가능한 경기장 건설, 환경 보호 캠페인**을 강화하고 있으며, 이에 대한 글로벌 기준과 지역 실천이 조화를 이루어야 한다.

6) 스포츠윤리 교육과 제도적 시스템 강화

스포츠윤리를 지속 가능하게 실천하기 위해서는 **교육과 제도적 시스템**의 정착이 필수적이다.

- 윤리 교육은 선수와 지도자뿐 아니라 심판, 스포츠 행정가, 팬에 이르기까지 **스포츠에 참여하는 모든 이해관계자를 대상으로 확대**되어야 한다.
- 스포츠윤리센터와 같은 독립적 기관을 통한 **투명하고 신속한 윤리 위반 조사 및 처벌 시스템**이 안정적으로 운영되어야 한다.

스포츠윤리의 미래를 향한 제언

스포츠는 공정성과 정의, 인권과 다양성을 실현하는 사회적 플랫폼으로서 윤리적 책임을 더욱 강조받고 있다.

향후 스포츠윤리는 기술 발전, 인권 보장, 환경 보호, 상업화 문제 등 복합적인 과제를 통합적으로 다루는 방향으로 나아가야 하며, **글로벌 표준에 부합하는 윤리 기준과 교육 시스템을 구축하는 것이 필수적**이다.

더불어, 스포츠가 가진 **본질적 가치인 공정성과 존중, 인간 존엄의 가치를 실현하는 문화**로 정착되기 위해 모두의 책임과 참여가 요구된다.

2. 지속 가능한 스포츠 문화 조성을 위한 제언

1) 지속 가능한 스포츠 문화의 필요성

스포츠는 건강 증진과 여가 활동의 기능을 넘어, 사회적 통합과 윤리적 가치를 실현하는 중요한 역할을 한다. 그러나 현대 스포츠는 상업화와 기술 발전, 경쟁 심화에 따라 **윤리적 위기와 불평등, 환경 파괴, 인권 침해**와 같은 복합적인 문제에 직면하고 있다. 이러한 문제를 해결하고 지속 가능한 스포츠 생태계를 구축하기 위해서는 **공정성, 인권, 환경, 포용성**을 핵심 가치로 삼는 새로운 스포츠 문화가 필요하다.

지속 가능한 스포츠 문화는 단순히 경기의 질을 높이는 것을 넘어, **사회적 책임과 생태적 책임을 함께 고려한 스포츠 시스템과 가치관**을 정착시키는 것을 의미한다.

2) 공정성과 윤리를 기반으로 한 스포츠 환경 조성

① 공정한 경쟁 환경의 확보

- 스포츠는 공정한 규칙 아래에서 실력을 겨루는 것이 본질이다. 따라서 경기 규칙의 **투명성과 일관성 확보**가 필수적이다.
- 첨단 기술 도입에 따른 **기술 격차 해소와 선수 간 공정한 훈련 및 장비 접근 기회 보장**이 필요하다.
- 도핑, 승부 조작 등 부정행위에 대한 강력한 대응 체계와 **지속적인 윤리 교육 강화**를 통해 공정한 스포츠 문화를 구축해야 한다.

② 스포츠윤리와 인권 보호 시스템 강화

- 선수와 지도자, 심판, 행정가를 포함한 모든 스포츠 참여자에 대한 윤리 **기준 수립과 행동 강령 제정**이 필요하다.
- 아동·청소년 선수 보호와 성폭력, 폭력 근절을 위한 **스포츠윤리센터와 같은 독립적 기관의 강화와 역할 확대**가 중요하다.
- 인권 감수성을 높이기 위한 **지속적이고 체계적인 교육**과 선수 인권 보호 정책 마련이 병행되어야 한다.

3) 다양성과 포용성의 가치 실현

① 성 평등과 젠더 포용성 확대

- 여성 선수와 지도자의 참여 확대, 트랜스젠더와 비이분법적 젠더 정체성을 가진 선수에 대한 **차별 금지와 공정한 참여 보장**이 필요하다.
- 스포츠 조직 내에서 **성평등 리더십 프로그램과 성 인권 보호 지침을 시행**하여 성별에 관계없이 동등한 기회를 제공해야 한다.

② 장애인 스포츠 활성화와 통합 스포츠 추진
- 장애인과 비장애인이 함께 참여하는 **통합 스포츠 프로그램**을 확대하고, 장애인 스포츠 인프라 및 지도자 양성을 지원해야 한다.
- 장애인의 스포츠 접근성을 높이고, 패럴림픽 이후 장애인 스포츠 지속 가능성 확보를 위한 지원체계를 강화해야 한다.

③ 인종, 문화, 종교적 다양성 존중
- 국제 스포츠 대회 및 리그에서 다양한 인종과 문화권 선수들이 **차별받지 않고 동등하게 참여**할 수 있도록 다문화 교육과 인권 감수성을 높여야 한다.
- 스포츠 행정 및 심판, 지도자 인력에 있어서도 **다양성 확보를 위한 제도적 지원**이 필요하다.

4) 환경 친화적이고 지속 가능한 스포츠 시스템 구축

① 친환경 스포츠 인프라 개발
- 경기장 건설과 운영에서 **에너지 효율과 친환경 자재 사용**을 확대해야 하며, 탄소 중립을 지향하는 스포츠 이벤트를 표준화해야 한다.
- 국제 스포츠기구와 국가 스포츠 단체는 **지속 가능한 개발 지침을 마련하고 실천**해야 한다.

② 대회 운영의 환경적 책임 강화
- 대규모 스포츠 이벤트의 탄소 배출을 줄이기 위해 **교통, 식음료, 숙박 등 전 과정에서 환경 친화적 정책**을 시행해야 한다.
- IOC와 FIFA처럼 대회 운영 시 **탄소 오프셋 프로그램 참여와 환경 보호 캠페인**을 의무화하는 것도 고려해야 한다.

③ 팬과 지역사회 참여 확대
- 관중과 지역 주민을 대상으로 **환경 보호와 지속 가능성 관련 교육과 캠페인을 전개**하여 스포츠 문화가 지역 사회 전반에 긍정적 영향을 미치도록 해야 한다.
- 지역 기반의 지속 가능한 스포츠 프로그램을 통해 **스포츠 참여 기회를 확대하고 지역 사회 건강 증진과 일자리 창출**을 함께 도모할 수 있다.

5) 스포츠윤리 교육과 리더십 개발

① 윤리 교육의 일상화와 체계화

- 스포츠 관련 모든 조직과 학교, 동호회 등에서 **윤리 교육을 필수 과정으로 포함**하여, 공정성과 인권에 대한 인식을 높여야 한다.
- WADA와 IOC의 국제 프로그램(ADEL, OVEP 등)을 참고하여 **글로벌 스탠다드에 부합하는 윤리 교육 콘텐츠 개발과 교육자 양성**이 필요하다.

② 윤리적 리더십 함양과 평가 시스템 마련

- 선수와 지도자, 스포츠 행정가가 윤리적 판단을 내릴 수 있는 **리더십 훈련과 윤리 행동 평가 기준**을 마련해야 한다.
- 윤리 위반 사례에 대한 **신속하고 공정한 심의와 처벌 시스템**을 갖추어 윤리적 행동을 유도하고 위반 사례에 대한 경각심을 높인다.

6) 글로벌 협력과 로컬 실천의 조화

① 국제 스포츠 기구와의 협력 강화

- IOC, WADA, FIFA 등 주요 스포츠 기구와 연계하여 **글로벌 스포츠윤리 기준에 부합하는 정책과 프로그램을 마련**하고, 국제 공동 프로젝트를 통해 지속 가능성을 높인다.

② 국가 및 지역 스포츠 시스템 강화

- 각국의 문화적 특성을 반영한 **로컬 스포츠윤리 프로그램을 개발**하고, 지역사회 중심의 **스포츠 클럽과 학교를 통한 실천 교육**을 강화해야 한다.

지속 가능한 스포츠 문화를 위한 미래 전략

지속 가능한 스포츠 문화는 공정성, 포용성, 인권, 환경이라는 네 가지 축을 중심으로 이루어져야 하며, 이를 실현하기 위해서는 **교육과 제도, 기술, 문화적 노력의 총체적 접근이 필요**하다.

스포츠는 인간 사회의 윤리적 가치를 반영하는 축소판이자 미래를 향한 지표로서, **지속 가능한 스포츠 문화를 통해 모두가 존중받고 함께 성장하는 사회를 구현하는 데 기여**해야 한다.

맺음말

　스포츠는 인류의 역사와 함께 발전해 온 문화이며, 신체적 능력과 기술의 경쟁을 넘어 인간 정신의 숭고한 가치를 드러내는 무대입니다. 공정한 경쟁, 상호 존중, 그리고 정의 실현은 스포츠가 지향해야 할 핵심 윤리이자, 모든 스포츠인이 지켜야 할 기본입니다.

　그러나 현대 스포츠는 점점 더 복잡하고 다양한 문제에 직면하고 있습니다. 승부를 향한 집착과 상업적 이익 추구는 때로는 스포츠 본연의 순수성을 훼손하기도 하며, 도핑, 승부 조작, 인권 침해와 같은 윤리적 위기는 스포츠계 전반에 깊은 고민을 던져주고 있습니다. 기술 발전은 새로운 가능성을 열었지만 동시에 새로운 형태의 불공정을 야기하고 있으며, 성평등과 다양성, 포용성의 실현 역시 여전히 도전 과제로 남아 있습니다.

　이 책을 통해 스포츠윤리가 왜 중요한지, 그리고 공정성이 스포츠에 어떤 의미를 가지는지 함께 생각해 보는 계기가 되었기를 바랍니다. 스포츠의 가치는 경기장 안에서만이 아니라, 그 외의 모든 공간에서도 실현되어야 합니다. 선수, 지도자, 심판, 그리고 팬 모두가 스포츠윤리의 실천자이자 변화의 주체가 되어야 할 것입니다.

　이제 우리에게 필요한 것은 더 나은 스포츠 문화를 향한 행동입니다. 스포츠가 진정으로 정의롭고 평등한 공간이 되도록, 모두가 책임을 다해야 합니다. 『스포츠윤리와 공정』은 그 여정을 함께하기 위한 작은 출발점이 될 것입니다.

　공정성과 윤리를 지키는 스포츠가 더 많은 감동과 희망을 만들어 가기를 바라며, 이 책을 마칩니다.

참고문헌

1. 김동규. (2018). 스포츠 상업화와 윤리적 쟁점. 서울: 태영출판사.
2. 김성태, 정진경. (2018). 스포츠윤리학. 서울: 대한미디어.
3. 김혜숙. (2017). 스포츠와 젠더: 여성과 남성의 스포츠 문화 탐색. 서울: 무지개출판사.
4. 대한체육회. (2021). 스포츠 인권 가이드라인. 서울: 대한체육회 스포츠윤리센터.
5. 대한체육회. (2023). 스포츠 리더십 윤리 헌장. 서울: 대한체육회.
6. 서정교. (2017). 스포츠와 윤리: 공정성, 인권, 정의를 중심으로. 서울: 무지개출판사.
7. 최경희, 정문성. (2020). 페어플레이와 스포츠윤리의 실제. 서울: 태영출판사.
8. 장봉환. (2020). 스포츠 기술과 공정성: 첨단 기술과 스포츠윤리의 교차점. 서울: 한울아카데미.
9. 이기홍. (2018). 스포츠 철학과 윤리. 서울: 레인보우북스.
10. 한국도핑방지위원회(KADA). (2023). 스포츠 도핑방지 교육자료집. 서울: KADA.
11. 한국장애인체육회. (2022). 장애인 스포츠 활성화 전략 보고서. 서울: 한국장애인체육회.
12. 한국스포츠정책과학원. (2021). 청소년 스포츠 인권 보호 방안 연구. 한국스포츠정책과학원.
13. 한국스포츠정책과학원. (2022). 스포츠윤리 교육 프로그램 개발과 적용 방안 연구. 한국스포츠정책과학원.
14. Andrews, D. L., & Silk, M. L. (2012). Sport and Neoliberalism: Politics, Consumption, and Culture. Philadelphia: Temple University Press.
15. Butcher, R., & Schneider, A. (2007). Fair Play as Respect for the Game. In W. J. Morgan (Ed.), Ethics in Sport (2nd ed., pp. 165-177). Champaign, IL: Human Kinetics.
16. Carrington, B. (2010). Race, Sport and Politics: The Sporting Black Diaspora. London: Sage Publications.
17. Coakley, J. (2015). Sports in Society: Issues and Controversies (11th ed.). New York: McGraw-Hill.
18. Cooky, C., & Messner, M. A. (2018). No Slam Dunk: Gender, Sport and the Unevenness of Social Change. New Brunswick, NJ: Rutgers University Press.
19. Cunningham, G. B. (2019). Diversity and Inclusion in Sport Organizations: A Multilevel Perspective (4th ed.). London: Routledge.
20. DePauw, K. P., & Gavron, S. J. (2005). Disability and Sport (2nd ed.). Champaign, IL: Human Kinetics.
21. FIFA. (2021). FIFA Guardians™ Safeguarding Programme. Zurich: FIFA.
22. FIFA. (2022). Sustainability Strategy: FIFA World Cup Qatar 2022™. Zurich: FIFA.
23. Fraser-Thomas, J., Côté, J., & Deakin, J. (2005). Youth Sport Programs: An Avenue to Foster Positive Youth Development. Physical Education and Sport Pedagogy, 10(1), 19-40.
24. Gould, D., & Carson, S. (2008). Life Skills Development Through Sport: Current Status and Future Directions. International Review of Sport and Exercise Psychology, 1(1), 58-78.
25. Hums, M. A., & MacLean, J. C. (2017). Governance and Policy in Sport Organizations (4th ed.). London: Routledge.
26. Howe, P. D. (2008). The Cultural Politics of the Paralympic Movement. London: Routledge.
27. IOC. (2015). IOC Consensus Meeting on Sex Reassignment and Hyperandrogenism. Lausanne: IOC Publications.
28. IOC. (2020). Sustainability Strategy for the Olympic Movement. Lausanne: IOC Publications.
29. IOC. (2021). Olympic Agenda 2020+5. Lausanne: IOC Publications.
30. Kayser, B., Mauron, A., & Miah, A. (2007). Viewpoint: Legalization of Performance-Enhancing Drugs. The Lancet, 366(9503), S21-S22.
31. Lapchick, R. E. (2021). The 2021 Racial and Gender Report Card: College Sport. Orlando, FL: The Institute for Diversity and Ethics in Sport (TIDES).

32. McCullough, B. P., Orr, M., & Kellison, T. B. (2020). Sport and Environmental Sustainability: Research and Strategic Management. London: Routledge.
33. McNamee, M. J. (2012). Sports, Virtues and Vices: Morality Plays. London: Routledge.
34. Morgan, W. J. (2007). Ethics in Sport (2nd ed.). Champaign, IL: Human Kinetics.
35. Sage, G. H., & Eitzen, D. S. (2015). Sociology of North American Sport (10th ed.). New York: Oxford University Press.
36. Simon, R. L. (2016). Fair Play: The Ethics of Sport (4th ed.). Boulder, CO: Westview Press.
37. Sport Resolutions UK. (2019). Safeguarding and Protecting Children in Sport. London: SR UK.
38. Tamburrini, C. (2000). What's Wrong with Technological Doping? In T. Tännsjö & C. Tamburrini (Eds.), Values in Sport: Elitism, Nationalism, Gender Equality and the Scientific Manufacture of Winners (pp. 200-216). London: E & FN Spon.
39. Torres, C. R. (2012). What is Fair Play in Sport? Journal of the Philosophy of Sport, 39(2), 181-194.
40. Travers, A. (2018). The Trans Generation: How Trans Kids (and Their Parents) are Creating a Gender Revolution. New York: New York University Press.
41. UNESCO. (2015). International Charter of Physical Education, Physical Activity and Sport. Paris: UNESCO.
42. United Nations. (2006). Convention on the Rights of Persons with Disabilities (CRPD). New York: UN Publications.
43. US Center for SafeSport. (2020). Minor Athlete Abuse Prevention Policies. Washington DC: SafeSport.
44. WADA (World Anti-Doping Agency). (2023). Anti-Doping Education and Learning (ADEL) Platform. Montreal: WADA.
45. WADA (World Anti-Doping Agency). (2023). Gene and Cell Doping Policy. Montreal: WADA.
46. WADA (World Anti-Doping Agency). (2023). World Anti-Doping Code. Montreal: WADA.